윈윈

WIN
WIN

윈윈 WINWIN

초판 1쇄 2022년 11월 24일

지은이 유건우
펴낸이 류종렬

펴낸곳 미다스북스
총괄실장 명상완
책임편집 이다경
책임진행 김가영, 신은서, 임종익, 박유진

등록 2001년 3월 21일 제2001-000040호
주소 서울시 마포구 양화로 133 서교타워 711호
전화 02) 322-7802~3
팩스 02) 6007-1845
블로그 http://blog.naver.com/midasbooks
전자주소 midasbooks@hanmail.net
페이스북 https://www.facebook.com/midasbooks425
인스타그램 https://www.instagram/midasbooks

© 유건우, 미다스북스 2022, *Printed in Korea*.

ISBN 979-11-6910-098-4 03190

값 **15,000원**

모든 인간관계를 승리로 이끄는 불씨의 리더십

WINWIN WINWIN WINWIN WINWIN WINWIN WINWIN WINWIN WINWIN
WINWIN WINWIN WINWIN WINWIN 윈윈 WINWIN WINWIN WINWIN WINWIN

유건우 지음

미다스북스

유건우 지음

(주)리만코리아 회장 안중현

이 책엔 그야말로 아무것도 없이 시작해서 한 분야의 리더가 된 저자가 자신의 회사를 만들어내기까지의 과정이 담겨 있습니다. 그가 만나는 사람과의 관계가 사업의 전부인 것처럼, 많은 사람이 이 책을 통해 관계로 성공하기 바랍니다.

전 부산지방경찰청장, 전 국무총리 민정실장 이상식

나는 매일 아침 고교 후배인 유건우가 보내오는 희망과 긍정의 메시지를 보면서 오늘 하루도 열심히 살아야겠다고 다짐하곤 한다. 그런 그가 이번에 책을 냈다. 경청 · 공감 · 칭찬 · 관심 · 첫인상 등 중요하지만 간과하기 쉬운 덕목들을 하나씩 짚어가면서 인간관계의 중요성을 말하는 내용을 훑어보면 만만찮은 내공이 느껴진다. 차분히 읽다 보면 그가 표방하는 '리더십 마인드' 함양이 그리 어렵지 않겠다 싶다.

국민대 경영대학원 '리더십과 코칭 MBA' 주임 교수 김보영

진정성 있는 관계의 구축은 행복한 삶을 위한 필요조건이다. 관계 구축의 어려움을 가지고 이 책의 주인공인 유 팀장과 첫 만남을 가지게 된 독자는 이 책을 덮을 즈음에는 그 해답과 동시에 행복한 삶을 개척할 수 있는 에너지를 얻게 될 것이다.

BNI코리아 대표, 뉴욕주 변호사 존윤

2천 명 가까운 사업가가 활동하는 한국 최대 비즈니스 협업 커뮤니티 BNI에는 크고 작은 관계의 문제가 매일같이 일어납니다. 저는 그중 심각한 문제가 있는 곳에는 유건우 코치님께 출동을 요청합니다. 사업가, 수백 명 협업팀의 리더, 그리고 존경받는 코치로 자신의 길을 열어온 저자는 결코 포기하지 않고 진정성 있게 상대의 마음을 두드려 관계를 회복하는 놀라운 능력이 있기 때문입니다. 저자를 닮은 이 책은 유쾌하고 쉽게 읽히지만 가볍지 않고 진지합니다. 이 책을 통해 많은 분들이 그 비밀을 배울 수 있게 되어 기쁩니다. 20년 가깝게 코칭, 리더십, 협업에 관한 일을 해 온 저도 밑줄을 치며 읽었습니다. 같이 일하는 사람들과 더 좋은 관계를 맺고 성과를 내는 데 관심 있는 분이라면 꼭 읽어보시길 권합니다.

숙명과도 같은 리더의 문제 해결 능력을 함양하고 리더십을 고취하여 승리하는 리더가 되고 싶다면 반드시 읽어야 할 책이다.

우리 삶에서 가장 중요한 사람의 관계에 대해 좋은 인사이트를 주는 이야기는 언제나 흥미진진하다. 호기심(Wondering), 즐거움(Interesting), 연결(Networking), 원하는 것(Wants), 성찰(Insight), 새로움(New)의 앞 글자를 딴 WINWIN으로 풀어낸 유건우 작가의 인생 코칭은 독자들에게 큰 울림을 줄 것이다.

『윈윈 WINWIN』은 흥미로운 책이다. 필자 스스로의 경험담을 고백하는 것처럼 유 팀장을 등장시켜 직장 드라마의 대본처럼 구성한 에피소드들이 신선하다. 재미있게 읽다 보면 절로 메모하고 싶은 귀한 메시지를 얻게 된다. 코칭과 리더십을 전문적으로 공부한 필자로부터 직접 상담을 받으며 조언을 듣는 것처럼 느껴지는 독서다. 관계가 바뀌면 인생이 바꾀고 행복이 뒤따른다고 한다. 이 책을 통해 주변의 관계를 성찰하는 기회를 가져보자.

블루밍경영연구소 대표, 『마음을 아는 자가 이긴다』 저자 김상임

태어나면서부터 형성되는 관계, 사회생활이 확장되면 더 복잡하게 구성되는 관계 속에서 여러분은 안녕하십니까? 나도 모르게 관계 갈등이 느껴진다면, 이 책을 열어보시기 바랍니다. 서로 윈윈하는 관계를 만들기 위한 솔루션뿐만 아니라, 지혜를 넘어 통찰의 순간을 맞이하게 될 것입니다.

리스펙트 병원컨설팅, 『성공하는 병원의 7가지 비밀』 저자 이승열

유건우 작가는 개인이든 모임이든 긍정적인 관계를 만들어내는 '관계술사'다. 처음 만남에서 모임을 활성화시킬 방법을 상의했던 나와의 관계를, 성공을 원하는 사람들의 새벽을 깨우는 '얼리버드 클럽'으로 관계를 이어 가더니 책 쓰기를 원하는 사람들과 '북메이킹 클럽'을 통해 서로를 응원하여 작가가 되는 관계를 만들었다. 유건우 작가의 『윈윈 WINWIN』이 모든 독자에게 제2, 제3의 관계술사가 되게 해주길 기대해본다.

우아한스피치 대표 정무늬

"인간은 사회적 동물이다." 사람은 관계 속에서 살아가고, 좋은 관계를 위해 노력해야 한다고 말합니다. 하지만, 그 방법을 알려주기보다는 스스로 터득해가기를 바라죠. 관계 공부를 위한 지침서, 『윈윈 WINWIN』을 통해 학교에서도, 직장에서도 알려주지 않는 방법들을 하나하나 적용해 보시기를 추천드립니다. "관계는 끊는 것이 아니라 푸는 것이다."라는 작가의 말을 기억하면서 이 책을 통해 끊고 싶은 관계를 풀고 싶은 관계로 만들어가시기를 응원합니다.

국제이미지컨설턴트, 기획과 마케팅을 하는 사람들 대표 시몽 최심연

국제이미지컨설턴트로서 다양한 국가와 세대의 사람들을 만나면서 소통이란 서로의 마음을 온전히 전하는 것이 아닐까란 생각을 한 적이 있었습니다. 기술의 발달로 언제 어디서나 누구와 보고 말할 수 있는 세상이지만, 건강하게 소통하는 관계를 이어간다는 것이 얼마나 어려운 것인지 저 또한 몸소 느낄 때가 있었는데요. 책을 읽는 내내 관계의 어려움을 유쾌함으로 풀어낸 유건우 대표님의 센스에 절로 미소가 지어졌습니다. 좋은 관계에 정답은 없지만 현명한 방향은 있을 것입니다. 윈윈 관계술사와

함께 한다면 여러분만의 온전한 관계의 길로 인도해줄 것이라 믿습니다.

(주)디자인조이 대표, 『당신의 간판은 돈을 벌어주고 있습니까?』 저자 김현상

세계적인 비즈니스 모임에서 만난 저자는 누가 봐도 확실한 관계 전문가이다. 그가 만들었거나 리더로 이끄는 모임이 성공적으로 커나가는 이유는 수많은 코칭 경력에서 체득한 그만의 관계 노하우가 녹아 있기 때문이다. 자! 이제 어려움을 겪고 있는 여러분의 관계를 속 시원하게 해결해줄 관계술사를 만나러 가자.

아이오스피치커뮤니케이션 대표, 전 MBC 아나운서 유내경

오~ 마이~ 유 코치님의 첫 책이 세상에 태어나는 순간을 함께할 수 있어 무척 기쁩니다. 저는 '통'하는 것이 중요해 어떻게 하면 잘 통할 수 있을지 16년간 고민하고 강의했습니다. 그런데 유 코치님이 그 시간들을 정리해 주신 것 같은 『윈윈 WINWIN』을 읽어 내려가며 수백 번 넘게 공감으로 고개를 끄덕였습니다. 누구에게나 관계를 풀어내는 힘이 있습니다. 닿을 듯 닿지 못하는 관계로 고민하고 있다면 지금 당장 이 책을 읽으십시오!! 내 안의 관계술사와 바로 만날 수 있습니다.

관계를 바꾸면 인생이 바뀐다

사람, 행복의 90%가
인간관계에 달려 있다.

– 키에르 케고르 –

요즘 들어서 많은 사람이 관계로 힘들어하는 모습을 자주 보게 됩니다. 스마트폰이나 온라인이 발달하면서 사람들은 더 많이 접촉하고 연결되며 더 다양한 방법으로 소통하고 더 많은 내용을 주고받습니다. 그런데도 아이러니하게 지난날보다 더욱 관계는 멀어지고, 서로 소통이 잘되지 않는다고 합니다. 손에서 핸드폰을 놓지 않고 계속 '좋아요'를 누르고, 수백 개의 '읽지 않음' 알람이 떠 있는 톡방을 보면서 쉴 새 없이 답장을 보내지만, 사람들의 마음은 공허하고 관계는 멀어져만 갑니다. 왜 그런 걸까요? 더 많은 통신 수단으로 마치 옆에 있는 것처럼 마음만 먹으면 연결이 되는 이러한 시대에 관계가 점점 힘들어지는 이유가 무엇일까요?

최근에 핵가족이 더욱 많아지면서 탈관계화도 점점 더 깊어지고 있습니다. 옛날에는 한 가족이 한 지붕 밑에서 집이 좁아도 서로 부대끼며 웃기도 하고 싸우기도 하고 또, 화해하는 법이나 서로 나누는 법까지 자연스럽게 서로에게 배울 수 있었습니다. 그래서 사람과 사람과의 관계도 자연스럽게 알게 되고 학습할 수 있었지요. 하지만 핵가족화가 발달하고 서로 바쁜 맞벌이 시대인 요즘은 그러한 관계를 배울 곳이 없습니다. 학교나 직장에서의 이익 관계나 인과 관계를 통해서 배운 관계가 전부입니다. 부모나 가족의 무조건적인 사랑을 잘 느껴보지 못하고 그러한 관계에 대해서도 미숙하기만 합니다. 그래서 사람들이 더욱 관계에 힘들어하고 있습니다.

인터넷을 통해 수많은 정보가 쏟아지고 살펴볼 수 있어도 직접 피부로 배우고 실천해보는 경험이 없다면 진짜 관계를 알 수가 없습니다. 부모와 자식 간에 소통이 잘 안 되니 자식이 학교에서 왕따를 당해도 미처 알지 못해서 결국 극단적인 선택을 하는 아이까지 있었습니다. 너무 슬픈 일입니다. 결국 부모와 자식 간의 관계에 대해서 경험이 없다 보니 일어난 일입니다. 우리는 학교에서 대학교에 가기 위해 열심히 교육받지만 훌륭한 부모가 되거나 훌륭한 자식이 되는 그런 관계에 관한 공부는 배우지 못했습니다. 그래서 이렇게 서툴고 답답한 상황을 주변에서 많이 보게 되는 것이 아닌가 합니다.

관계가 어렵고 미숙하고 힘들다 보니 아예 세상과 인연을 끊고 살아가는 분들도 계십니다. 은둔해서 살다시피 방에서 나오지 않는 분들인데요, '은둔형 외톨이' 혹은 '히키코모리'라고도 합니다. 집 안에서 은둔생활을 6개월 이상 칩거하면서 가족 이외의 사람들과는 관계를 만들지 않습니다. 이러한 분들은 여러 가지 이유로 그렇게 되는데, 핵가족화, 인터넷 보급, 사회 구조적인 급속한 환경 변화, 사회 부적응, 폭행, 왕따, 인터넷 게임 중독 등의 원인으로 점점 더욱 그 추세가 늘고 있다고 합니다.

요즘 흔하게 사용되는 단어가 '혼자 놀이'입니다. 특히 접촉을 꺼리는 코로나로 인해 더욱 심화되고 있다고 합니다. 혼자 밥 먹는 혼밥, 혼술,

시체놀이 등등 이러한 신조어들이 이제는 방송 매체에서도 자연스럽게 나오고 홈트, 홈짐 같이 아예 집에서 혼자 하는 운동이나 활동이 급성장하고 있습니다. 이러한 은둔형 외톨이들이 우울증, 성격장애, 강박증, 공격적인 폭력성을 보이는 경우가 많다고 하니 점점 심각하지 않을 수 없습니다. 이러한 분들 중 어떤 사람은 스스로 '왕따'라고 말하면서, 오히려 반대로 자신이 사회를 왕따시키는 것이라고 표현하기도 합니다. 이런 분들은 코칭의 수준을 넘어 상담이나 치료가 절실히 필요한 경우입니다. 주위에 이러한 분들이 계시면 잘 알아보고 보살펴주셔야 합니다.

많은 분이 이러한 관계를 힘들어하다 보니 직장이나 경영에서도 관계에 미숙했던 면이 나중에 크게 문제가 되어 돌아오게 됩니다. 요즘 결이 맞는 사람이 없다며 하소연하는 어느 대표님은 직원들을 열심히 키워놓아도 소용없으니 괜히 상처받지 않게 정 주지 말고 월급이나 잘 주면서 일만 잘 시키면 된다는 말씀도 하셨습니다. 또 어떤 대표님은 직원들의 성장을 위해 작은 것 하나하나 가르쳐주며 성장을 주도하였지만, 결국 '마이크로 매니징'이라며 독단적이고 강압적이어서 무섭다는 피드백을 받고 충격을 받았다고 말씀해주셨습니다.

앞의 이야기들은 많은 대표님을 코칭하면서 가장 많이 듣는 이야기입니다. 그래서 결국 뭐 하려고 사업하는지 모르겠다고 말씀하시면서 속상해 하셨습니다. 무엇이 잘못된 것일까요? 이러한 현상은 소통의 문제나 관계의 미숙이 대부분입니다. 그래서 대기업에서는 팀장급 이상의 직원에게 필수로 코칭 스킬을 가르치고 그 역량을 중요하게 강조합니다. 이젠 코칭 대화법이 상사의 가장 중요한 덕목이 되었습니다. 그만큼 기업 문화에서 관계가 제일 중요하다는 점이 점점 두드러지고 있는 것이지요.

이처럼 부모와 자식 간에, 친구와 친구 간에, 직장 상사와 부하 직원 간에 관계로 많은 분이 힘들어하시며 저에게 코칭을 의뢰하십니다. 설사 그러한 목적으로 코칭을 시작하지는 않았지만, 코칭 중간에 꼭 나오는 부분이 바로 이 관계의 어려움입니다. 그래서 많은 분이 관계를 개선하거나 바꾸고 싶어 하십니다. 하지만 노력은 해보았지만 해결되지 않았다고 자포자기하신 분들도 있었습니다. 이 어려운 관계를 처음으로 다시 돌리고 싶은 분들이 정말 많으신 것 같습니다.

저도 사실 수많은 관계 중에 처음으로 돌리고 싶은 아쉬운 관계들이 있습니다. 하지만 그러한 아쉬운 인연을 그냥 단절하고 안 보면 그만이라는 생각으로 관계를 손절하시는 분들이 많습니다. 관계는 끊는 것이 아니라 푸는 것입니다. 선물 포장지 리본을 한번 떠올려보십시오. 풀다가 잘라버리면 다시 사용하지 못하는 쓰레기가 되어버리지만, 풀기는 어려워도 잘 풀어서 보관해두면 언젠가 다시 사용할 수 있는 소중한 물건이 될 수도 있습니다.

푸는 것이 어려울 정도로 힘든 관계는 어떻게 하냐고 물어보시는 분들도 있습니다. 풀어보려고 노력을 정말 많이 해서 이제는 오히려 관계가 더 꼬인 경우입니다. 풀려고 했지만 왜 그렇게 꼬이게 되었는지, 어떻게 하면 관계를 리부팅할 수 있는지, 이 책을 통해 천천히 살펴보시기 바랍니다.

이 세상 모든 것이 관계라고 말해도 과언이 아니라고 생각합니다. 그것은 이 세상 모두가 링크되어 있기 때문입니다. 인류사는 서로 연결되기 위해 노력해온 역사라고 해도 무방할 만큼 연결을 가장 중요한 이슈로 생각하였습니다. 이러한 연결과 연결이 더 많은 정보를 주게 되고 그 집단은 성장하게 되었습니다. 이제는 온라인이라는 도구를 통해 지역을 직접 이동하지 않아도 세계 모든 곳을 연결할 수 있게 되었습니다. 이처럼 사람들은 연결과 관계를 통해 성장하고 발전해왔습니다. 이처럼 연결되었기 때문에 관계는 만들어질 수 있습니다.

가상현실이나 메타버스, 블록체인 등 요즘 뜨거운 미래의 먹거리를 살펴보면 다 관계와 상관이 있음을 알게 됩니다. 모두 연결이라는 공통분모가 관계라는 바탕으로 이루어져 있는 것입니다. 멀리 떨어져있어도 마치 연결된 듯하게 현실로 느끼게 만드는 것이 바로 메타버스입니다. 결국 잘 연결되고 싶다는 욕구가 만들어낸 기술입니다.

비즈니스도 삶도 모두 관계로 시작해서 관계로 마무리됩니다. 어떨 때는 비즈니스가 관계의 학문이 아닌가 하는 생각도 합니다. 비즈니스에서 가장 중요한 것이 마케팅인데, 마케팅도 결국 고객과 기업의 관계에 대한 전략입니다. 그리고 리더십도 똑같이 관계에 관한 행동학문이라고 할 수 있습니다. 결국 돈을 벌어오는 가장 중요한 전술이 바로 관계법인 것이죠.

돈을 벌기 위해서 다양한 방법이 있지만 성공한 부자들의 노하우 중에 사람을 벌어야 한다는 말이 있습니다. 드라마로도 유명한 소설책『상도』 임상옥의 좌우명은 "재상평여수 인중직사형(財上平如水 人中直似衡)"였는데요. '재물은 물처럼 다스리고 사람은 저울처럼 대하라'는 말입니다. 물이 위에서 아래로 흐르듯이 순리대로 다스리고 사람은 누구나 저울처럼 평등하게 차별 없이 대하라는 뜻이 담겨 있습니다. 또 "큰 장사꾼은 이(利)를 좇지 않고 의(義)를 좇는다."라고 하여 돈이 아니라 사람을 남기라고 하였습니다. 이것도 살펴보면 결국 상도는 사람과의 관계이고 그러한 관계를 통해 부를 이룰 수 있다는 것입니다. 그 돈이라는 것도 결국 사람이 주는 것이지 돈에 발이 달려서 혼자 오는 것이 아니기 때문입니다. 관계가 좋은 사람이 많으면 많을수록 큰돈을 벌게 됩니다. 사람을 만드는 장사가 훌륭한 장사입니다. 작가 지그 지글러는 "비즈니스를 구축하지 말고 사람을 구축하라. 그러면 그 사람들이 비즈니스를 구축해줄 것이다."라는 명언을 남겼습니다. 이 말도 역시나 사람과의 관계를 의미합니다.

기업 리더십을 교육하는 전문가들도 이제는 기업의 리더십이 관리의 시대가 아닌 관계의 시대라고 말합니다. 리더십이 사람들을 통제하고 조율하고 관리하는 것에 목적이 있는 것이 아니라 하나하나의 독립된 개체로서 서로의 관계를 통해 시너지가 발생하고 조직이 성장하게 된다는 것에 주목하고 있습니다.

관계는 결국 상생입니다. 함께 살아가는 법을 위해 우리는 관계를 알아야 합니다. 관계를 익히고 익숙해지는 노력을 해야 합니다. 관계는 혼자서 노력해서 되는 것이 아닙니다. 상대방과 함께 이루어지는 상호교환의 행동이자 마음가짐입니다. 그래서 상생도 자기 인식이 기본이며, 결국 자기로 시작해서 타인으로 옮겨가고 또다시 자신에게 돌아오는 순환 구조를 가지게 됩니다. 관계는 복잡하고 어려운 법칙이 있는 것이 아닌 단순하고 심플한 실천을 통해 다양한 결과와 성과가 나오는 심오하고 놀라운 면을 보여줍니다. 각양각색의 악기가 모여 하나의 하모니가 되듯이, 다양한 사람들이 모여 원원을 일으키면 아름다운 선율이 연주됩니다. 아름다운 교향곡의 지휘자처럼 자신의 마음과 관계의 지휘자가 되어야 감미롭고 감동 있는 삶의 주인공이 될 수 있습니다. 이 책을 통해 여러분들의 관계가 바뀌는 큰 터닝 포인트가 되었으면 합니다. 여러분들의 놀랍고 즐거운 관계를 응원합니다. 감사합니다.

리더십 마인드 코치 유건우

목 차

1장

관계 절벽에서
우리를 구해줄
WINWIN의 마법

관계는 서로 상생을 목적으로 시작되고 유지됩니다. 그래서 관계가 상생하지 못하면 좋지 않은 사이가 되고 결국 관계는 끊어지게 됩니다. 관계의 시작은 'WINWIN'이라는 것을 항상 생각하시기 바랍니다.

WINWIN의 관계는 어떻게 시작되는가?

보이지 않는 곳에서
나를 좋게 말하는 사람이 진정한 친구다.

- 토마스 풀러 -

모든 문제는 관계 때문에 시작된다

'휴….'

유건우 팀장은 오늘도 회사 옥상의 구석에 앉아서 멍하니 하늘을 바라보고 있다. 담배를 펴봐도 답답한 마음은 조금도 나아지지 않는다. 요즘 유 팀장은 회사에서 위로는 상사에게 치이고 아래로는 MZ세대에 치여 중간 관리자로서 여러 가지 관계 문제로 고민이 많다.

사실 조금 전에 유 팀장은 상사인 김 부장에게 신나게 깨졌다. 본의 아니게 자꾸 불편한 일들이 일어나는 상황이 유 팀장은 너무 힘들었지만, 겉으로는 티내고 싶지 않았다. 그래서 김 부장에게 혼난 속상한 마음을 누구에게도 들키지 않게 옥상에 올라와서 마음을 달래고 있던 중이었다.

'나는 진짜 매일 왜 이러냐⋯.' 그렇게 옥상에서 고민하고 있는데 함께 일하는 최 대리가 옥상까지 찾아 올라왔다.

"유 팀장님! 빨리 내려가 보세요. 얼른! 난리 났어요."
"그래⋯ 알겠어. 얼른 내려갈게⋯."

부장실로 들어가자, 김 부장이 벼락같이 나무라기 시작했다.

"유 팀장님! 일을 이렇게 하시면 어떻게 합니까? 약속이 생명인 것 모르세요? 이 프로젝트가 얼마나 중요한지 누누이 강조해서 말씀드렸잖아요? 유! 건! 우! 팀! 장! 님!"

"…."

유 팀장은 아무 말도 하지 못했다. '아… 빨리 혼내고 그만해라, 정말…. 휴… 난들 뭐 그러고 싶어서 그러냐?' 하는 원망만 솟았다.

"아니 뭐라고 이야기를 해보시라고요! 어떻게 된 겁니까?! 뭐라고 대답 좀 해보세요!"

"네…."

"유 팀장님, 매번 참 정말 너무 하시네요. 그래서 이번 프로젝트 보고서는 언제까지 가능합니까?"

"제가 오늘 밤을 새워서라도 끝내겠습니다."

"오늘까지 끝내시고 바로 저에게 메일로 보내세요!"

"네, 알겠습니다."

이러한 상황이 결코 바라던 상황은 아니었는데 해결하려고 하면 할수록 점점 더 시궁창으로 빠지는 것 같았다. 오늘 하루도 억지로 겨우 넘어가는 유 팀장의 마음은 찹찹하기만 했다.

그렇게 날이 저물고 집 근처 놀이터의 가로등이 켜졌다. 유 팀장은 퇴근 후에도 여전히 집에 들어가지 못하고 애꿎은 담배만 연거푸 피워 대고 있었다. 마지막까지 놀던 아이가 엄마 손에 끌려서 가버리자, 놀이터에는 텅 빈 공기만 남았다.

'도대체 나는 앞으로 어떻게 하면 좋을까? 이 회사가 나랑 안 맞나? 나름 정말 열심히 했는데⋯ 왜 이렇게 되어버린 걸까?'

유건우 팀장이 팀장 역할을 하기 전에는 한참 회사에서 주목받던 신입사원이었다. 하지만, 팀장 자리를 맡게 되자 위에서는 높은 기대치에 항상 높은 수준의 결과물을 원하고, 밑으로는 자신들만 생각하는 신입사원들 사이에 끼어서 말도 마음대로 못 하고 위아래로 눈치만 보게 되었다. 그렇게 점점 무능력자로 취급을 당해버리자, 결국 유 팀장은 눈치만 보며 회사에서 존경받지 못하는 천덕꾸러기가 되었다.

관계술사를 만나다

'뭔가 방법을 찾아내야 할 것 같은데⋯ 도대체 뭐가 문제야? 신이시여 ~ 저에게 왜 이런 시련을 주십니까? 제발 좀 도와주십시오⋯. 저 좀 살려주세요….' 저무는 석양을 바라보니까 괜스레 눈물이 핑 돌았다. 마치 자신의 처지처럼 처량하게 저무는 것 같았다. 그때였다.

"무슨 고민을 그렇게 심각하게 하나?"

갑자기 벤치 옆자리에서 사람 말소리가 들려서 유 팀장은 깜짝 놀랐다. 무슨 마술처럼 옆자리에 갑자기 나타난 사람을 보고 유 팀장은 깜짝 놀라 심장이 멎는 줄 알았다.
"누… 누구세요?"

그것이 관계술사와의 첫 만남이었다. 이 만남은 유 팀장의 인생을 송두리째 바꾸게 된다. 우선 유 팀장은 옆자리에 나타난 사람을 유심히 살펴보았다. 무슨 개량 한복 같은 아래위 흰색 옷에 수염을 기르고 얼굴에 주름이 많아서 굉장히 나이가 들어 보이는 노인이었다.

"나는 너를 세상에서 제일 잘 아는 사람이지. 그리고 널 도와줄 유일한 사람이기도 하고."
"저를 제일 잘 아신다고요? 도… 도대체 무슨 말씀이세요?"
"다른 사람들은 나를 '관계술사'라고 부르지. 너도 그렇게 부르도록 해. 관계에도 방법이란 게 있거든. 그걸 잘하는 게 바로 관계술이고, 난 그 관계술의 대가란 말씀이지!"

　관계술사는 관계에 대해 제대로 배워보고 싶으면 내일 이 자리로 나오라는 말을 남기고, 홀연히 사라졌다. 유 팀장은 무엇에 홀린 듯이 순식간에 일어난 일이 믿어지지 않았다. 무슨 일인지 정신이 없어서 곧장 집으로 돌아와서도 긴가민가하는 생각이 들었다.

관계의 비밀을 알기 위한 WINWIN 3원칙

그들이 원하는 공감을 주어라.
그러면 그들은 당신을 사랑할 것이다.

- 데일 카네기 -

제1원칙 - 경청의 대지 위에 서라

유건우 팀장은 퇴근 후에 또 놀이터로 왔다. 그리고, 어제 있었던 일을 다시 한번 떠올려보았다. 유 팀장이 다시 여기를 찾아온 것은 어제 만났던 노인이 꿈인지 착각인지, 정신이상으로 헛것을 본 건지 궁금했기 때문이었다. 주위를 살펴봤지만 놀이터에는 뛰어노는 아이들만 있을 뿐 어제 본 관계술사는 없었다. 아닌가 싶어 가려는데, 또 갑자기 소리가 들렸다.

"어제나 오늘이나 멍청하게 있는 건 똑같구나!"

뒤를 돌아보니 어제 그 노인이 서 있었다.

"어? 관계술사님?"
"됐고, 지금 네가 고민하는 문제나 한번 털어놔봐!"

유 팀장은 그때부터 자신의 인생이 뭔가 변화될 것 같다는 느낌이 어렴풋이 들었다. 처음 보는 노인네가 이상한 말을 해도 왠지 거부할 수 없었다. 그리고 마치 오래전에 알던 사람 같은 익숙한 기분도 들었다. '분명 처음 보는 노인네인데 왜 그럴까?' 하는 생각도 들었는데, 관계술사에게 반박도 못 하고 자기도 모르게 위축되어서 혼자 고민하던 이야기를 술술 털어놓게 됐다.

"음… 요즘 밑에 있는 부하 직원이나 상사들하고 대화가 힘들어요."
"뭐야? 소통 문제였어? 소통이 관계에서 가장 중요한 이야기지. 관계는 결국 상호작용이거든. 상호작용의 대표적인 예가 바로 '소통'이라는 거야."

소통이라는 단어를 들은 유 팀장은 대화를 떠올렸다. 그걸 알아채기라도 한 듯 관계술사는 소통과 대화에 관한 이야기를 하기 시작했다.

관계는 소통이다!

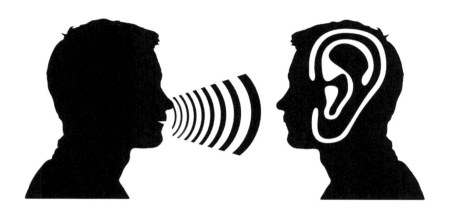

"소통은 단순히 대화랑은 달라. 대화는 그냥 말을 주고받는 것에 중점
이 있다면 소통은 서로에게 마음이 통한다, 원하는 것을 잘 주고받았다,
이런 개념이지. 그래서 소통은 대화보다 상호보완적인 '쌍방향 커뮤니케
이션'을 이야기하는 거야. 그래서 관계는 소통이야."

관계술사는 소통을 잘하는 데 필요한 것들을 이야기했다. 상대방의 말
을 잘 듣는 '경청', 상대방의 마음을 잘 알아주는 '공감', 그리고 그러한 것
들의 베이스를 이루는 '진정성'이 바로 소통을 이루는 것들이라고 한다.

"경청, 공감, 진정성이요? 소통이라고 하는 것이 이렇게 많은 것들을
담고 있는 건가요?"

"소통에서 가장 중요한 것이 바로 경청이지. 보통 사람은 대화하면서 어떻게 하면 자신의 의도를 잘 전달하고, 어떻게든 자신의 의지를 관철하고 이해시키려고 노력하지. 너는 어떤 것 같아?"

"저도 항상 저의 입장을 설득하기 위한 대화를 해왔던 것 같아요."

"그래, 대화할 때 이야기하고 싶어서 대화하는지, 이야기를 듣기 위해서 대화하는지 한번 생각해봐. 사실 대부분 이야기하고 싶어서 대화하거든. 그런데 대화할 때 자신은 별로 이야기하지 못하고 상대방만 신나게 떠들면, 그 사람은 다음에 나와 대화하고 싶지 않겠지? 그런 관점에서 생각해본다면 너는 사람들이 이야기하고 싶은 사람인 것 같아?"

"음… 전… 아닌 것 같네요… 에휴…."

사람들은 대부분 자기 혼자서 이야기하고, 대화를 아주 잘했다고 착각한다. 그리고 자신이 이야기를 다 하지 못한 경우에는 대화를 잘하지 못했다고 생각한다. 매력 있는 사람의 주위에 항상 사람들이 많은 이유를 잘 살펴보면 주변 사람들의 이야기를 잘 들어준다는 것을 알게 된다. 관계술사는 경청에 있어서 가장 중요한 것을 '적극적으로 듣기'라고 말했다.

관계술사는 경청이 중요한 이유는 적극적으로 들어주는 사람이 말하는 사람을 신나게 만들어주기 때문이라고 말했다. 경청은 상대방에게 깊이 관심받는 느낌을 들게 해서 말하는 사람은 기분이 좋아지고 들어주는 사람에 대한 깊은 신뢰감을 가지게 하는 것까지 가능하다. 유 팀장은 이야기를 잘 들어주는 사람과 대화할 때 신나서 이야기하다가 안 해도 되는 이야기까지 했던 경험을 떠올렸다. 관계술사는 말을 많이 하는 것보다 적극적으로 듣는 것이 오히려 대화가 잘된다는 것을 알려주었다.

좋은 관계를 만드는 경청의 3단계

"경청은 좋은 대화이고, 또 좋은 소통이 되니까 결국 좋은 관계로 연결이 되네요. 경청에 굉장히 관심이 갑니다."

"경청의 중요성에 관해서 잘 이해했군. 그럼 이제 경청을 좀 더 깊이 알아볼까? 일단 경청에도 단계가 있어."

"경청에도 단계가 있나요?"

"맞아. 경청의 첫 번째 단계는 바로 '그냥 단어만 듣기'야. 그리고 들리는 단어를 다시 돌려주는 방법을 통해 대화에 잘 참여하고 있음을 알려줄 수가 있지. 그리고 다음 단계의 경청은 바로 '의도를 아는 것'이야. 말하는 사람의 말속에 숨어 있는 의도를 알아내는 게 바로 경청의 두 번째 기술이지. 상대방의 의도를 파악하는 것은 정말 어려운 일이야. 그래서 많은 연습도 필요하지. 중요한 건 상대방의 의도를 알아내려고 노력하거나 그런 마음이지. 상대방이 이야기하면 무슨 의도로 이런 이야기를 하는지를 생각해보라고."

　유 팀장은 상대방의 의도를 생각하는 것이 앞으로 많은 사람과의 관계에 있어 중요한 점이 될 것 같았다. 그리고 관계술사는 이어서 말했다. 세 번째 경청의 기술은 바로 '비언어적인 표현을 보는 것'이라고 했다. 여태 다뤄왔던 언어적인 요소와는 달리 몸짓이나 눈빛 등을 보고 사람의 의도나 마음을 알아볼 수 있다고 했다. 그런 것까지 경청하는 것이 바로 비언어적 표현을 보는 경청의 기술이었다.

　"비언어적 표현으로는 첫 번째, 목소리 톤을 알아보는 거야. 같은 말을 하고는 있지만 목소리 톤에 따라 뉘앙스가 다르거든. 목소리 톤은 긴장하고 있는지, 화나 있는지, 이런 감정의 상태도 파악할 수 있지. 그다음은 바로 제스처, 즉 몸짓이야. 앉아 있거나 서 있을 때의 포즈나 태도 같은 것을 보면 그 사람의 의도를 알 수 있지."

　"아! 팔짱을 끼고 듣거나, 자꾸 시계를 보는 행위 같은 걸 이야기하나 봅니다."

　"그럼 팔짱을 끼고 듣거나 시계를 보는 건 무엇을 의미하는 걸까?"

　"팔짱을 끼고 듣는 사람은 '뭔가 상대방이 신뢰되지 않는다.' 이런 것 같고요, 시계를 자꾸 보는 사람은 아마도 지금 '이야기가 지루하니 빨리

끝났으면 좋겠다.', '다음 약속이 있어서 맘이 불안하다.' 이런 거 아닐까요?"

"네가 촉이 좋다고 말하는 게 아마도 이런 비언어적인 표현을 잘 캐치하기 때문인 것 같군."

"그렇군요! 제가 촉이 좋은 이유가 바로 이러한 비언어적인 표현을 잘 알아듣기 때문이군요."

"그런데도 회사에서 뭔가 대화가 잘 안 되고 관계가 좋지 않은 것은 자네가 두 번째 경청인 상대방의 의도를 잘 파악하지 못해서 그런 거야."

경청을 방해하고 대화를 깨트리는 2가지 유형

관계술사는 아직 경청에 어려움을 겪는 유 팀장을 위해 경청을 방해하는 유형을 알려주기 시작했다. 경청을 방해하는 요소, 즉 집중하지 못하는 사람들인데, 이런 사람들은 대부분 건성으로 넘겨짚고 '나는 이미 다 안다'고 생각하는 척척박사 유형이라고 했다. 유 팀장은 꼭 자신 같다는 생각을 지울 수 없었다.

"이런 유형은 대부분 효율성을 중요하게 생각하는 사람들이지. 대화를 나눌 때 에너지가 많이 들어가기 때문에 아는 내용을 이야기하는 것은 쓸데없는 에너지라고 생각하는 거야. 하지만 잘 생각해봐. 관계라고 하는 것은 어떤 결과를 내기 이전에 그 사람과의 사이를 말하는 건데, 그 사람과의 관계를 위해서는 그 사람의 이야기를 충분히 들어주는 게 중요한 거야. 그래야 그 사람이 자신의 의도를 충분히 이해를 해주었다고 생각하게 되거든. 그런데 에너지가 낭비된다고 그 과정을 뛰어넘어버리면, 그 사람은 자신이 무시받았다고 생각하거나 상대방이 자기를 존중해주지 않는다고 생각해버리지."

그런 사람들이 자주 쓰는 말이 '그러니까 결론이 뭐야?', '그러니까 그건 알겠고, 말하고 싶은 요지가 뭐야?' 뭐 이런 말들이라고 했다. 이런 말을 하는 사람은 그 사람의 시간이나 에너지를 줄여준다고 생각할 수도 있겠지만, 상대방의 과정을 인정해주는 부분이 생략되어버린다고 했다. 그래서 '나는 이미 다 안다'는 척척박사 유형의 사람들은 서로 발전하는 대화가 되지도 못하고, 관계가 결국 사무적인 것으로만 국한되어 버려서 무미건조한 관계로 전락해버리는 일도 많다고 했다. 유 팀장은 자신의 지난 대화법을 반성했다.

관계술사는 경청을 방해하는 나머지 요소를 더 알려주었다. 바로 '해결사' 유형이다.

"이 '해결사' 유형은 대화를 하나의 숙제로 생각하는 사람들이야. 상대방의 문제점을 해결해주려고 하지. 그래서 대화가 상호적이기보다 왠지 교육이나 가르침 혹은 멘토링 같은 느낌이 들게 하거든."

그러한 마음의 이면에는 도움이 되고 싶은 귀한 마음도 있지만, 대화라고 하는 것이 그저 들어만 줘도 도움이 되기도 하고 꼭 답이 나오지 않아도 대화하는 자체가 목적이라고 했다. 그리고 이 '해결사' 유형 중에 너무 디테일하게 정확도를 따지는 사람도 있는데, 예를 들어서 대화 중에 뭔가 단어를 잘못 사용했다거나 정보가 조금 다른 경우 꼭 되짚어서 알려주는 사람 같은 경우라고 했다. 이런 경우에 대화 흐름이 깨져버리거나 흥이 떨어지는 경우가 많아서 경청이 잘될 수가 없다고 말했다.

"그런 사람들은 자신이 잘 경청하고 있다고 착각할 수도 있을 것 같아요."

이런 유형에 은근히 많은 리더가 속한다고 한다. 리더다 보니 아무래도 타인에게 뭔가 영향력을 주거나 리드하려고 하는 경우가 많기 때문이다. 특히 컨설팅이나 교육을 하는 사람들도 원래 가르쳐주려는 사람이다 보니 경청이 더 잘 안 되고 미리 판단해버리는 경우가 많다고 한다.

유 팀장은 놀이터를 뒤로 하고 집으로 발걸음을 향하면서도, 머릿속에는 경청이라고 하는 것에 대한 새로운 인식과 생각으로 가득 찼다. 평소에 대화는 잘하고 있다고 생각했는데 혼자만의 착각이었다는 생각을 하니 얼굴이 붉어져 왔다. 하지만 가슴 저 밑에서는 왠지 모를 설렘도 올라왔다. 자신의 인생이 바뀌는 터닝포인트 같은 느낌이 유 팀장의 발걸음을 가볍게 만들었다.

제2원칙 - 공감으로 마음을 울려라

다음 날도 유 팀장과 관계술사의 수업은 계속되었다. 유 팀장은 집에서 와이프와 대화하면서 경청하려고 노력한 것과 회사에서 최 대리와의 대화를 통해 느낀 점들을 이야기했다.

"경청이 생각보다 쉽지는 않더라고요. 경청하겠다고 시작했는데 자꾸 제 이야기만 하게 되고… 와이프가 그걸 딱 짚어서 이야기를 해주는데 좀 부끄러웠습니다. 그래도 확실히 경청이라고 하는 부분을 인식하니까 대화하면서도 '이 사람이 이렇게 이야기하는 의도가 뭘까?'라는 생각이 확실하게 느껴지더라고요."

"그렇지! 이제 의도라고 하는 것도 알았군. 우리가 지금 공부하려는 관계라는 것도 상대방의 의도가 궁금하면서 시작이 되지."

관계술사는 의도를 알았다면 이제는 그것에 대해서 서로 아는 과정이 필요하다고 했다. 궁극적으로 경청을 통해서 얻고자 하는 것은 바로 공감이고, 공감된다는 것은 마음이 전달되거나 마음을 알아준다는 의미라고 했다. 그래서 공감의 첫 번째는 바로 '마음을 알아주는 것'이다. 특히 마음이란 것이 표현하기 어려워서 마음챙김, 마음공부, 마음수련 등등 이런 마음에 관한 책이나 방법들이 요즘 환영받는다고 한다.

"이러한 마음이나 감정을 표현하라고 하면 대부분 좋다, 나쁘다 정도로만 표현하고 끝나거든. 우리가 어릴 때부터 참는 것의 미덕을 강조하는 유교문화가 강하게 있다 보니 다들 감정표현에 아주 서툴러. '양반은 함부로 감정을 표현하지 않는다.' '감정표현은 약점을 드러내는 것이다.' 이런 이야기를 많이 듣고 자랐는데, 다른 사람에게 '당신은 감정적인 사람이다.'라는 이야기를 듣게 될까 봐 겁을 먹는 거지."

관계술사는 눈치 없이 항상 말이 먼저 튀어나와서 후회하는 것을 고치긴 쉽지 않지만, 천 리 길도 한 걸음부터니까 차근차근 연습해서 익숙해지면 좋다고 했다. 어쨌든 그런 감정을 표현하는 단어를 많이 연습하면 좋은데, 책을 많이 읽거나 감정 단어를 자꾸 써보는 것들이 도움이 된다고 했다. 관계술사가 감정 단어들을 적어놓은 종이 한 장을 꺼내주면서 유 팀장에게 자주 보면서 연습해보라고 말했다. 관계술사가 내민 종이에는 감정 단어들이 빼곡히 적혀 있었다. 감정단어들을 평소에 지속적으로 연습하거나, 일상생활에서 그런 단어들을 한번 찾아보는 연습도 좋다고 했다.

상대방의 마음을 여는 열쇠

"이제 공감에 대해서 알아봤는데, 감정표현이 가장 중요한 포인트야. 공감하기 위해 마음을 여는 것도 아주 중요하거든. 상대방의 마음을 여는 열쇠! 바로 '진정성'이야. 아무리 마음을 잘 표현하고 잘 알아줘도 상대방의 마음이 열리지 않거나 받아들일 준비가 안 되어 있다면 이것 또한 곤란하거든. 소통이라고 하는 것이 결국 쌍방향 커뮤니케이션이기 때문에 혼자만 열심히 노력한다고 되는 게 아니지. 이렇게 닫힌 상대방의 마음을 열게 할 때 가장 중요한 것이 바로 진정성이야."

우리가 진정성 있게 사람들을 대하라고 할 때 대부분 솔직하게 표현하라고 생각하게 되는데 솔직하게 이야기한다고 진정성 있는 건 아니다. 심지어 많은 사람이 그 부분을 오해하기도 하고, 어떤 사람들은 그 부분을 악용하기도 한다. 솔직함이라는 사실을 가지고 사람들의 약점을 말하는데 "너에게 도움이 되라고 하는 이야기야."라고 하면서 그 사람의 단점이나 약점을 마구 헤집어놓는 사람도 있고 "너니까 걱정이 돼서 이야기하는 거야." 하면서 타인의 이야기를 마구 전달하는 무례한 사람들이 바로 그런 사람들이라고 했다. 그런 사람들의 공통점은 자기가 무슨 잘못을 하고 있는지도 모르고 상대방을 비난하게 된다는 것이다. 우리가 솔직하고 진정성을 가지기 위해 가장 중요한 것이 바로 현명하게 표현할 줄 아는 것이라고 했다.

"우리가 마음을 열기 위해서 진정성이나 솔직함이 필요하다고 했지? 그게 바로 목적이란 말이야. 근데 그 사람의 마음을 안 좋게 만들면 그게 잘못된 거잖아?"

"그럼 솔직하게 말을 안 하면 되잖아요?"

"그럼 그 자체가 벌써 진정성이 없는 거지. 그리고 그것은 곧 상대방이 알아차리게 되지. 그럼 그 사람 마음의 문은 굳게 닫히게 되지. 쿵~ 하고 말이야."

관계술사는 자신이 하는 말이 자신을 위해서 하는 것인지 상대방을 위해서 하는 말인지 살펴봐야 한다고 했다. 상대방의 마음을 위해서 사실을 이야기해주려면 먼저 그 사람의 마음을 읽으려는 노력이 필요한데,

여기서 말하는 진정성이나 솔직함은 자신의 감정에 대해 솔직함을 말한다. 보통은 사람들이 자신의 감정을 억누르고 다르게 말하는 경우가 많기 때문이라고 했다.

"모든 것의 핵심이 감정이야. 감정이라고 하는 것이 바로 에너지를 의미하니까. 우리는 이 감정의 순환으로 움직인다고 해도 과언이 아니지. 이 순환이 삶의 에너지를 만들거든. 예전에 최 대리 이야기하면서 최 대리가 가진 마음을 알아주고 그것에 대한 너의 감정을 이야기한 적이 있다고 했지? 그게 바로 자네가 자신의 감정을 솔직하게 이야기해서 최 대리가 자네에 대해서 진정성을 느끼게 된 거지. 상대방의 마음을 여는 핵심 열쇠가 바로 진정성이라는 걸 이제 이해하겠지?"

유 팀장은 자신의 진정성이 최 대리의 마음을 여는 열쇠가 되었구나 하고 생각했다. 관계술사는 덧붙여 한 가지 주의할 점에 관해서 이야기했다. 자신이 솔직하게 이야기했으니까 상대방도 솔직하게 이야기해야 한다고 착각하는 경우가 있는데, 아무리 자신이 솔직하게 이야기했다고 해서 상대방이 솔직하게 이야기할 필요는 없다. 그러다 보니 솔직하게 이야기한 사람이 '나만 바보처럼 왜 그랬지?' 하고 스스로 상처받고 자신의 감정을 이야기하는 것을 접게 되는 경우가 많다. 이런 일들 때문에 서로가 점점 진정성에서 멀어지게 되기 때문에 진정성도 상대방이 준비되었을 때 해야 한다고 했다. 그래서 만남의 처음부터 진정성 있게 마구 표현해버리면 오히려 상대방의 마음을 닫게 만드니까 어느 정도 타이밍을 잘 보고 판단하라고 했다.

유 팀장은 관계술사가 하는 이야기를 들으면 마치 자신의 마음에 들어온 것처럼 명쾌한 부분이 있는 것 같았다. 고집이 강해서 누구 이야기를 잘 안 듣는데 이렇게 고분고분 잘 듣는 걸 보고 스스로 놀랐다. 요즘 이렇게 기분이 달라질 거라고 생각 못 했는데 다시 뭔가 해볼 수 있겠다는 생각까지 들었다. 그래서 그런지 관계술사가 오늘따라 처음 보았을 때의 늙은 모습이 아니라 왠지 더 젊어진 모습같이 느껴졌다. 유 팀장은 사람과의 관계가 사람의 모습마저 달리 보이게 한다는 생각이 들었다.

제3원칙 - 칭찬의 깃발을 들어라

다음 날도 유 팀장은 놀이터에 도착해서 관계술사에게 오늘 낮에 회사에서 있었던 일들을 말하면서 기분을 털어놓았다.

"관계술사님, 회사에서 제가 직원들에게 잘되라고 말하는 것이 잘못되었나요? 요즘 계속 주변 관계가 좋아지고 있었는데, 이런 어이없는 요즘

애들 보니까 엄청 속상하네요."

"네놈은 언제나 네 생각에만 빠져 살지? 네가 먼저 좀 다른 사람들 알아주고 칭찬하면 안 되냐? 넌 사람들 칭찬하는 게 그렇게 어려워? 왜 그렇게 잘못만 이야기하려는 거야?"

관계술사는 상대방의 장점을 칭찬하면 장점을 더 강하게 만든다고 했다. 그래서 훌륭한 리더들은 마치 보물찾기처럼 상대방의 장점을 잘 찾아내는 사람들이 많다. 그렇게 장점을 칭찬하다 보면 사람들의 마음을 열리게 하고 움직이게 된다. 하지만 이렇게 칭찬할 때도 요령이 필요한데, 너무 오버하면 오히려 진심이 아닌 것처럼 느껴져서 역효과가 날 수 있기 때문이다.

칭찬할 때 첫 번째 요령은 '구체적인 행동을 칭찬하기'이다. 그냥 '잘했다, 수고했다, 최고다, 대박이다.' 같은 칭찬은 구체적인 행동을 강화하는 칭찬의 장점을 살리지 못하게 된다. 특별히 무엇을 잘했는지 딱 꼬집어서 말하라는 뜻이다.

그리고 두 번째는, 행동의 결과를 이야기하는 '구체적인 성과에 대해서 칭찬하기'이다. 그렇게 되면 칭찬받은 사람은 구체적인 행동과 그 결과를 계속 내고 싶은 마음이 생기게 되고, 칭찬이 사람을 성장시키거나 훈련을 시킬 때도 아주 중요한 동기가 되어준다고 했다.

 그리고, 칭찬의 세 번째 요령은 상대방이 듣고 싶은 칭찬을 해주는 것이다. 상대편은 어제 야근하느라 고생한 것에 대해서 칭찬을 듣고 싶은데 자꾸 '옷을 잘 입었다.'라고 하거나 '헤어스타일이 멋있다.'라는 칭찬을 해줘도 상대방은 크게 와닿지 않게 된다. 그래서 칭찬을 해줬는데도 시큰둥하다고 오히려 오해하게 된다.

 "칭찬이 효과를 보려면 그들과의 소통을 통해 그들이 정말 무엇을 원하는지 알아두는 것이 필수야. 일단 직원들과 원하는 것에 대해서 많이 소통해봐. 의외로 서로가 원하는 것을 많이 알게 되지. 자~ 그럼 마지막 칭찬의 요령을 알아볼까? 그건 바로 빠른 타이밍에 하는 것이야. 회사에 큰 영업을 성공시킨 것에 대해서 칭찬하려고 하는데 일주일이나 몇 주 지난 다음에 그것에 대해서 이야기하면 그때 그 감정이 식어버렸기 때문에 효과가 아주 떨어지게 되지."

 그리고, 나쁜 이야기를 해야만 될 때 유용한 법도 알려주었다. 상대방을 혼낼 때나 잘못을 이야기할 때는 이야기를 안 할 수는 없고, 하려고 하니 평판이 안 좋을 것 같기도 하고, 문제가 생길 것 같아서 불편한 게 많다. 그러다가 억지로 해보려고 약간 억압적으로 이야기하다 보면 아래 사람에게 강한 척 또는 권위주의적으로 보이게 된다고 했다.

"나쁜 이야기는 안 하는 게 좋지. 하지만 꼭 해야 할 때도 있지. 그럴 때 잘하는 방법이 바로 올바른 피드백이야. 그런데 많은 사람이 피드백과 평가를 구분하지 못해서 문제가 생기게 되지. 일단 평가는 잘잘못을 판단하는 걸 의미해. 보통 리더는 상사라는 입장에서 직원들을 잘했다, 못했다 판단하게 되거든. 그런 판단과 평가를 하니까 상대방은 듣고 나서 기분이 상하게 되지. 하지만, 일단 그들이 말하고 싶은 게 무엇인지, 듣고 싶은 게 무엇일지 생각해봐. 자신들이 원하는 것들은 봐주지 않고 다른 것들만 자꾸 이야기되니까 공감이 안 되는 거야. 너도 김 부장과 이야기하면서 네가 고생한 건 안 봐주고 늦게 프로젝트가 진행되는 것만 이야기하니까 답답함을 느꼈잖아? 누구라도 그런 평가를 받는 것을 좋아할 사람은 아무도 없지. 그래서 우리는 평가가 아닌 피드백을 해야 해."

'나 전달법(i-message)'으로 피드백하라

피드백은 마치 거울과 같아서 어떤 평가도 들어가지 않게 순수한 현상만 이야기하는 것이다. 그래서 마치 거울처럼 자신을 돌아보게 한다. 피드백을 잘하면 동기 부여도 되고 스스로 자신을 살펴보는 자기 성찰 능력도 좋아지기 때문에 피드백에는 지켜야 하는 것들이 있다.

그 첫 번째로 피드백에는 평가나 간섭, 잔소리 같은 개인적인 견해가 들어가서는 안 된다고 했다. 개인적인 견해가 피드백에 들어가면 객관성을 잃어버리고 만다.

두 번째로 피드백하는 목적이 질책하는 것이 아니라 발전과 성장을 위하는 것이어야 한다. 피드백이 그런 목적에서 벗어나면 의도가 흐려지고 나중에는 감정이 들어가기 때문이다. 예를 들어서 지각에 관한 이야기를 나누고 있는데 제출한 서류의 미비한 내용이나 언행에서 잘못된 점을 따지고 들게 되면 본질을 잃어버리고 피드백의 힘이 약해지기 때문이라고 했다.

그리고 세 번째는 다루는 내용이 상대방의 감정이나 성격, 명예, 자존심과 같은 개인적인 것들을 이야기하지 말아야 한다. 예를 들면 '너는 왜 이렇게 소심하냐?, 그렇게 덤벙대니까 실수가 계속 나오는 거야, 넌 이전 회사에서 뭘 배워서 일을 이렇게 못하냐?' 등의 말이다.

"이제 피드백의 마지막 이야기이네. 피드백은 무엇을 이야기할지 명확한 주제를 잡고, 언제 어디서 할지 정하는 것도 정말 중요해. 사람의 마음은 하루 동안 시시각각 변하기 때문에 최적의 장소와 시간 선정은 매우 어려워. 그래서 많은 경험치와 노하우가 필요하지."

그렇게 피드백을 잘 전달했으면 최종적으로 상대방과 함께 대안을 찾기 위해 노력하고 서로 논의해야 피드백의 결과가 생긴다. 그냥 피드백만 던지고 그 이후 상황 관리나 성과 관리는 전혀 안 하는 사람들이 많은데, 그러면 그렇게 힘들게 얻은 동기 부여도 확 날아가버린다고 했다.

상대방의 관계, 특히 부하 직원과의 관계에서 피드백이 정말로 중요한 이유가 있다. 대부분 직원의 잘못을 이야기하는 이런 어려운 것은 하기 쉽지 않고, 하고 싶지도 않기 때문이다. 그냥 둥글둥글 넘어가거나 잘못 전달해서 직원이 그만두는 경우도 많다. 그럴 때 사용하면 좋은 것이 바로 '나 전달법'이라는 것이다. 'i-message'라고도 하는데, '나 전달법'을 잘 이해하려면 반대인 '너 전달법'을 생각해보면 된다고 했다.

나 전달법은 상대방이 나에게 미친 영향, 기분, 생각 등을 이야기해주는 것인데, 예를 들어 '너는 도대체 뭐 한다고 하루 종일 전화를 안 받는 거야?'라고 말하는 것은 너 전달법이고 이것을 나 전달법으로 표현하면 '하루 종일 연락이 되지 않아서 무슨 일이 있는 게 아닌가 걱정이 많이 되고 불안했어.'라고 하는 것이다. '너 전달법'이 '너 때문'이라는 말로 시작하는 게 보통이라면 '나 전달법'은 '나는'이라는 말로 시작하게 되는 경우가 많다고 했다.

유 팀장은 고개를 끄덕이면서 자신이 피드백과 평가를 잘 구분하면서 칭찬을 해왔는지, 그동안 해왔던 말들을 천천히 돌이켜보았다.

소통을 이루는 3요소 - 경청, 공감, 칭찬

제1원칙 - 경청의 대지 위에 서라

- 경청의 3단계

　단어만 듣는 것

　상대방의 의도를 알아채는 것

　비언어적인 표현을 보는 것
- 경청은 비언어적인 표현(목소리톤, 제스처)까지도 볼 수 있는 적극적인 듣기이다.
- 경청을 방해하는 척척박사 유형과 해결사 유형이 되지 않도록 주의하자.

제2원칙 – 공감으로 마음을 울려라

- 공감은 마음을 알아준다는 뜻이다.
- 자신을 위한 말인지 상대방을 위한 말인지 살펴봐야 한다.
- 모든 것의 핵심은 감정이다. 마음을 여는 핵심 열쇠는 바로 진

정성이라는 것을 잊지말자.

제3원칙 – 칭찬의 깃발을 들어라

- 구체적인 행동과 성과에 대해 칭찬하라.
- 상대방이 듣고 싶어 하는 칭찬을 해라.
- 평가가 아닌 피드백을 하라.

- -

- -

- -

이 제 부 터   당 신 도   W I N W I N 하 라 !

2장

상생의 관계불씨,
WINWIN 6가지
비밀 원리

불씨가 살아남아 다시 큰불이 되듯이 사람의 가슴속에 뜨거운 불씨만 있다면 언제나 다시 활활 타오르는 열정이 됩니다. 불이 우리에게 소중한 역할을 하듯이 리더의 역할도 사람들의 가슴속에 불씨를 전달하는 것에 있습니다. 마치 촛불이 촛불로 퍼지듯이 불씨의 마음이 퍼져 상생의 관계가 활활 타오르는 모습을 그려봅니다.

관심의 불을 켜라 : Wondering

남의 관심을 끌려면
남에게 관심을 가져라.

- 데일 카네기 -

관계술의 첫 번째 비밀 '호기심' 편을 들어가기 전에

연애를 처음 시작하는 사람들은 연애 초기에 '지금 그 사람은 무엇을 하고 있을까? 이 사람은 어떤 사람일까? 어떤 것들을 좋아할까?' 등등 상대방에 대한 궁금증이 매 순간 일어나고, 앉으나 서나, 자리에 눕거나 일어나거나, 머릿속으로 궁금증이나 호기심이 계속 일어납니다. 오매불망 궁금하고 그래서 막 보고 싶고, 만나서 뭐라도 물어보고 싶습니다. 이러한 상태를 우리는 사랑에 빠졌다고 말합니다.

관계도 이러한 사람과 사람 사이의 호기심을 통해 시작됩니다. 강력한 관계는 강한 호기심이 일어난 것이고, 약한 관계는 별로 호기심이 일어나지 않는 것입니다. 호기심이나 궁금함은 바로 관심을 의미합니다. 관심을 통해 그 사람을 알고자 하는 마음이 일어납니다.

관계는 관심이나 호기심에서 시작됩니다.

– 왠지 이 사람은 나랑 잘 통하는 것 같은데?

– 이 사람은 뭐 하는 사람일까?

– 지금 무슨 마음으로 이런 말을 하는 거지?

하지만 지나친 궁금증이나 호기심은 집착이 되고 집착은 그릇된 관계를 만들게 됩니다. 그것은 호기심이 아닌 소유욕과 같은 욕심이 됩니다.

– 이 사람을 나만 가지고 싶다.

– 나만 바라봤으면 좋겠다.

– 내가 원하는 모습대로 해줬으면 좋겠다.

이렇게 관심은 호기심으로 시작하기 마련입니다. 상대방의 궁금함이 관계를 시작하게 되는 첫 번째 단추입니다. 여러분들이 누군가에게 관심이 가거나 궁금함이 일어났다면 그것은 그 사람과의 관계가 시작되었다고 생각하시면 됩니다.

자, 이제 유 팀장을 통해서 관계술의 첫 번째 비밀인 'Wondering 호기심'에 관해서 같이 알아봅시다.

관계 에피소드1 – 호사다마(好事多魔)

유 팀장은 이제 관계술의 비밀을 배울 수 있다는 생각에 신이 났다. 간만에 새로운 것을 배운다는 생각과 기대감에 앞으로 사람들과 더 좋은 관계를 만들어보겠다는 설렘까지 들었다.

'오늘따라 뭔가 새롭게 태어난 것 같네. 회사를 쳇바퀴 돌듯이 끌려다니는 것처럼 다니는 게 아니라 앞으로 무엇을 해야 하는지 명확하게 생각하니까 그런 걸까? 생각이나 마음이 상쾌한 기분이야….'

　그렇게 신나는 마음으로 회사에 아침 일찍 출근한 유 팀장은 세상 모든 것이 다르게 보였다.

　"굿~모닝! 우리 회사! 굿~모닝! 내 책상아~ 밤새 다들 잘 있었니?"

　그때 유 팀장의 자리에 있는 전화기가 울렸다.
　"네~ 유건우 팀장입니다. 무엇을 도와드릴까요?"
　"유건우 팀장님! 잠시 제방으로 와 주실 수 있으세요?"
　"안녕하세요? 부장님! 네, 알겠습니다."
　유 팀장은 전화기 속의 김 부장의 목소리가 좀 심상치 않아서 다급하게 움직였다.

　"아! 구조 조정은 아니고… 인사 조정이 단행될 예정입니다. 유 팀장님은 대상이 아니시니까 걱정을 안 해도 되십니다. 제가 이번에 대상자가 되었어요. 다행인지 아닌지는 모르겠지만 회사를 나가는 건 아닙니다. 일단 우리 마케팅 영업부서를 떠나서 부산지사로 내려가게 되었습니다. 있다가 이사님이 새로 오시면 다 같이 인사를 나누시죠."

"네… 알겠습니다. 부장님."

밖으로 나온 유 팀장은 한숨부터 쉬어졌다. 새로 오시는 상사와 다시 친분을 쌓을 생각을 하면 머리가 지끈거리는 듯했다. 그때 사무실 입구 쪽이 시끌시끌해졌다. 김 부장이 방에서 급하게 나오면서 유 팀장을 불렀다.

"유 팀장님! 이사님이 지금 오셨다고 합니다."

김 부장이 다급하게 말했다.
"유 팀장님은 저랑 입구로 가서 인사 나누시죠."
"네, 알겠습니다."

유 팀장은 윗옷을 후다닥 챙겨 입고 김 부장을 따라나섰다. 입구 쪽으로 오니까 부사장과 함께 새로 온 사람이 서 있었다.

"부사장님 오셨습니까?"
"오~ 김 부장님! 오랜만입니다. 잘 지내셨죠? 자~ 여기는 마케팅 영업부서에 새로 오실 강필성 이사님이십니다."
"안녕하십니까? 이사님. 처음 뵙겠습니다."

"네~ 안녕하십니까? 처음 뵙겠습니다. 김 부장님. 강필성입니다."

"이쪽은 저희 부서의 유건우 팀장입니다."

"반갑습니다. 유건우 팀장입니다."

유 팀장이 고개를 꾸벅 숙이고 악수를 청하려 손을 내밀었다. 그런데 강 이사는 그 손을 잡지 않고 유 팀장을 쳐다보기만 했다.

'응? 뭐지? 사람 무안하게?'

"유 팀장님! 악수는 윗사람이 먼저 내미는 겁니다. 아랫사람이 먼저 내미는 게 아닙니다."

"네? 아!… 네! 네! 죄송합니다."

유 팀장은 손을 급하게 다시 거두면서 고개 숙여 사과했다.

유 팀장은 다가올 폭풍 같은 일들을 미리 감지한 듯 뭔가 불길함을 느끼면서 불안해하고 있었다. 사람들과 잘 지내고 자신을 잘 키워보려고 관계에 대해서 힘들게 공부하는데 점점 더 사람들과 힘든 상황들이 만들어지는 것을 보고 한숨이 절로 나왔다.

유 팀장은 관계술사를 만나자마자 회사에서 있었던 일을 쏟아내기 시작했다.

"자네는 그 이사라는 사람이 기본 예절이 없다고 생각하는 거지?"

"그렇죠! 바로 그거죠!"

"이야기를 들어보니까 먼저 인사 예절이 없었던 건 네 녀석이었잖아?"

"그… 그렇죠. 악수를 먼저 내민 건 저니까요. 강 이사님은 그냥 그걸 이야기한 거고…."

"그러니까 잘못은 네가 먼저 했는데 그것을 지적하는 이사를 보고 화가 난 거네?"

관계술사는 세상의 모든 기준을 자기가 생각한 것과 같지 않으면 잘못되었다고 생각하는 것이 더 위험하다고 했다. 사람들은 모두가 자기만의 생각이 있는데 그 생각이 나와 다르다고 해서 다 잘못된 것은 아니다. 그리고 화가 날 때 화를 참으라고 하는 게 아니고, 화가 왜 나는지를 보아야 한다고 했다. 누구든지 화는 나는 것이고, 화가 나는 것이 잘못된 게 아니라 상대방이 '맞다.', '틀렸다.'라고 판단하는 자신의 에고에 빠져버리는 것을 조심해야 하는 것이다. 사람들이 판단이나 분별 때문에 자신의 감정을 주체하지 못해서 화를 내는 경우가 많다고 했다.

"그렇다고 틀린 게 맞는 건 아니잖아요?"

"맞고 틀린 것 자체가 없는 거야. 그저 사람마다 다르게 생각할 뿐이지."

유 팀장은 잠시 생각에 잠겼다. 세상을 살면서 얼마나 많은 것들을 제대로 판단하려고 노력하며 살았는데 맞고 틀림을 보지 말라고 하니 도대체 뭔 말인가 싶었다.

"뭔가 제가 잘못 생각한 건가요?"

"그냥 쉽게 이렇게 한번 생각해봐. 지금 화를 내는 나는 누구인가? 화를 내는 주체 말이야. 화라는 감정에 빠지지 말고 화를 내는 그 주인을 보라는 거지."

관계술사가 이해하려고 노력하는 유 팀장을 말없이 쳐다보다가 말을 다시 이어 나갔다.

"분별에 관한 이야기는 일단 접어두고, 오늘은 약속대로 관계술에 관한 비밀에 대해서 들어가보자."

관계술사는 빈 종이를 하나 꺼내더니 거기에 크게 단어를 적고 유 팀장에게 보여주었다.

Wondering

"오늘 전해줄 첫 번째 비밀은 바로 '호기심'이야. 자~ 너는 호기심이라고 하면 어떤 생각이 떠올라?"

"호기심은 뭔가 궁금한 거라는 생각이 듭니다. 새로운 것들에 대한 궁금증 같은 것이 아닐까요?"

"그래, 새로운 것에 대한 마음 설레는 감정을 가지는 것이 바로 호기심이지. 정말 궁금하고 알고 싶은 이런 탐구심도 호기심과 비슷한 감정이라고 할 수 있는데, 호기심이라는 것이 새로움을 느낄 때 생기기도 하고, 또 기존의 사실이 새롭게 보일 때 생기기도 하지. 그래서, 관계에 있어서 처음 시작은 호기심으로 시작하게 되지. 상대방에 대한 호기심이 없다면 시작부터 관계가 맺어질 수가 없으니까 말이야. 사람을 만나서 관계가 깊어지려면 '저 사람이 궁금하다. 뭐 하는 사람이지?' 하는 호기심이 생겨야겠지?"

좋은 첫인상의 필수 조건, 라포(rapport)를 형성하라

관계술사는 관계에서 가장 중요한 것 중 하나가 바로 '첫인상'이라면서, 이 첫인상이 좋아야 호기심도 생긴다고 했다. 첫인상을 좋게 하는 방법으로 라포(rapport)라는 게 있는데, 이 라포만 잘해도 첫인상에서 꽤 높은 점수를 받는다. 라포라는 것은 두 사람 사이의 상호 신뢰관계를 말한다. 신뢰나 친근감 같은 공감대 형성을 위해서 노력하라는 것이고, 이 라포 형성이 좋은 관계의 필수 조건이다. 라포를 잘 형성하는 방법도 있는데, 거울반응(mirroring), 역추적(backtracking), 맞추기(pacing) 등이 대표적이라고 할 수 있다.

"거울반응은 상대방의 동작을 따라 하는 거야. 상대방이 팔짱을 끼면 같이 끼고 턱을 괴고 있으면 턱을 괴고 다리를 꼬고 있으면 같이 꼬는 것을 말해. 이때 중요한 것은 상대방이 그것을 알아차리지 못해야 효과가 더 좋아."

"이걸 직원들과 대화할 때나 영업을 나가서 사용하면 큰 도움이 되겠는데요?"

관계술사는 '역추적'에 대해서도 알려주었다. '역추적'은 상대방과 이야기할 때 상대방이 이야기한 말 중에 중요한 핵심 단어나 문장을 다시 한번 되돌려서 물어보거나 대답해주는 것이다. 그리고 전체 이야기를 다 듣고 어느 정도 간추려서 이야기하며 맞는지 물어보는 것도 좋고, 이렇게 되짚어주면 상대방은 자신의 이야기를 굉장히 집중해서 경청하고 있구나 하고 상대방에 대한 신뢰감이 깊어진다.

그리고 마지막은 '맞추기(pacing)'인데 앞에서 이야기한 거울반응이나 역추적을 활용한 것이기도 하고 일치시키기(matching) 같은 기법이 활용되기도 한다. '맞추기'는 말처럼 상대방에 맞추는 것을 말하는데, 상대방의 기준이나 생각에 맞춘다는 것이다. 상대방의 틀 속으로 들어가 말이나 목소리, 생리적인 반응까지도 맞추어주고 외적인 행동도 맞추어주는 것을 의미한다고 했다. 자신의 틀을 거두고 상대방의 틀에 맞추면 나중에 라포가 형성되면서 상대방에게 영향을 주고 이끌기(leading)를 하기 위한 선행 기술이 된다.

"라포에 관한 이야기는 이 정도로 하고 다음으로 넘어가볼까? 첫인상에서 라포만큼 또 중요한 게 있지. 그것은 바로 '미소'야. 우리나라에 '웃는 얼굴에 침 못 뱉는다'는 속담이 있지? 그것처럼 미소는 정말 훌륭한 언어이자 세상에서 가장 강력한 무기야. 어린아이의 웃음만큼 사람을 무장 해제시키는 것은 또 없지."

관계술사는 첫인상을 줄 때 좋은 인상이 되도록 미소를 꾸준히 연습하는 것이 좋다고 했다. 억지웃음은 금방 탄로가 나기 때문에 억지로 웃는 것은 진심으로 웃는 것보다 당연히 효과가 떨어지고 어떨 때는 오해를 받을 수도 있다. 그리고 행동과 감정은 연결되어 있다고 했다. 기쁜 감정이 올라오면 미소가 지어지기도 하지만 미소를 지으면 기뻐지기도 하는 것처럼 이미 행복하고 기쁜 것처럼 행동하면 실제로 그런 감정이 생기고 기뻐지고 행복해진다고 했다. 그래서 미소 짓는 연습을 많이 하는 것이 중요하다.

결국 세상은 관계로 이루어져 있다

"관계술을 알려면 일단 관계라는 것에 대해서 알아야 해. 관계는 크게 3가지로 분류해볼 수 있는데, 첫 번째 자신과의 관계이고, 두 번째는 타인과의 관계, 그리고 세 번째는 세상과의 관계로 나눌 수 있지."

"그렇게 말씀하시니까 세상은 온통 관계로 이루어져 있다는 생각이 드네요?"

"네가 말한 바로 그 점이 이 관계술의 핵심이야. 세상 모든 것은 관계로 이루어져 있지. 즉, 관계술은 세상을 살아가는 방법이고 관계 공부는 세상을 공부하는 것이라고 할 수 있어. 그런 관계를 잘 알기 위해서는 우선 자신에 대해서 잘 알아야 해. 그래서 자신에 대한 호기심을 가져야 한다고 할 수 있지.”

관계술사는 일단 스스로 자신을 살펴보는 법을 알려주었다. 자신의 본질에 대한 호기심을 일으키는 것으로 3가지 질문을 해보라고 했는데, 첫 번째 ‘내가 가장 좋아하는 것은 무엇인가?’, ‘두 번째 내가 가장 잘하는 것은 무엇인가?’, ‘세 번째, 나는 언제 가장 행복한가?’이다. 이 3가지 질문으로 우리는 우리의 본질을 알 수 있다고 했다. 이 3가지 질문을 합쳐서 생각해보면 그 중심에 바로 ‘나는 어떤 사람인가?’ 하는 나의 본질, 나의 핵심 가치가 나온다는 것이다.

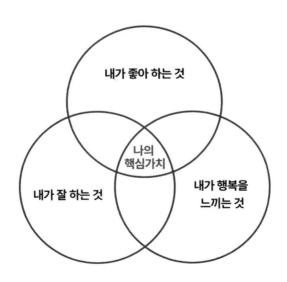

이렇게 자신에 대한 호기심을 풀었다면 이제 타인에 대한 호기심을 통해 타인과의 관계를 생각해볼 차례라고 했다. 자신에 대해서 알아나가면 결국 그 비교 대상이라고 할 수 있는 타인의 생각도 궁금해진다. 그래서 '나는 이것에 대해서 이렇게 생각하는데, 이 사람은 어떻게 생각할까?' 같은 궁금증이 일어난다고 했다. 그리고 타인과의 관계에서 가장 중요한 것은 상대방의 입장으로 생각하는 것이고 연애를 처음 시작할 때처럼 '당신은 누구인가?'에 대한 지극한 호기심 혹은 절실함까지 가야 상대방 입장으로 생각하는 것이 가능해진다. 사회에서도 마찬가지인데 서로가 일 때문에 만났다고는 하지만 자기가 평생 볼 사람이라고 생각하면 '그 사람에 대해서 정말 잘 알아야겠다.'라는 생각이 절실하게 드는 것이다.

"저는 사회에서 만난 사람은 사회에서 만나서 언제라도 헤어질 수 있다고 생각했어요. 그래서 보면 보는 것이고 못 보면 못 본다 생각했는데… 그게 상대방에 대한 호기심이 적었다고 생각할 수도 있겠네요."

"관심이 있거나 기대를 하게 되면 호기심도 생기고 거꾸로 호기심이 있으면 기대가 생기기도 하지. 이 사람은 '어떤 사람일까?', '함께 일할 만한 사람일까?', '이 사람은 무엇이 장점일까?' 이런 호기심이 생기면 그 사람과도 관계를 만들 수가 있는 거야."

상대방에 관한 지극한 호기심이 일으켜진다면 회사 분위기도 달라지고, 집에서도 그렇고 친구하고도 같은 원리가 적용된다. 관계술사는 마지막으로 세상에 대한 순수한 호기심이 관계를 높여준다고 말했다. 세상에 대한 호기심은 나와 다른 사람들이 사는 환경에 대한 호기심이고, 우리는 세상 속에서 함께 다들 모여 살고 있다 보니 세상이 결국 우리의 관계에 영향을 줄 수밖에 없다는 것이다. 예를 들어 과거의 일터는 열심히 생산하고 살아남는 것에 맞춰져 있다 보니 호기심은 먹고사는 것에 맞추어져 있었지만 이제 그러한 것보다 웰빙이나 슬로우 라이프와 같은 삶의 본질이나 삶의 질에 대한 호기심이 상당히 높아졌다고 했다.

"맞아요. 우리 때는 정말 밤샘하고 철야를 하면서 일을 탁! 탁! 해내고 기한 맞추는 게 일이었는데, 요즘 녀석들은 칼퇴근은 되는지, 휴가 제대로 사용할 수 있는지, 정해진 일만 할 수 있는지, 그런 개인적인 것들만 신경을 쓰더라고요. 회사야 어떻든 월급만 잘 나오면 된다고 하니….."
"하지만 직원들이 원하는 것, 그리고 지금 회사의 환경 같은 것들을 잘 보고 호기심을 일으키도록 노력해봐. 그럼 정말 일하고 싶은 회사로 바뀌는 것은 시간문제이니까."

관계의 첫 단계인 호기심을 일으킬 때 놓치면 안 되는 것이 있는데, 이러한 관계의 시작이 자신을 알리는 것에 있는 것이 아니라 상대방을 알기 위해 시작되어야 한다고 했다. 관계를 잘 시작하고 이끄는 유일한 방법은 상대방이 원하는 것을 이야기하는 것이다. 많은 사람은 자신이 맞다 생각하는 것, 좋아하는 것, 중요한 것들을 끊임없이 이야기한다. 그렇지만 관계를 위해서는 자기가 맞다 생각하는 것을 말하려 하지 말고 상대방이 원하는 것에 대해서 이야기해야 한다. 그래야 그 사람은 비로소 신뢰나 호기심을 가지고 상대방을 대하기 시작한다고 했다. 그리고 그런 다음에 신경을 쓰는 것이 자신이 원하는 것을 어떻게 얻을 수 있는가에 대해서도 상대방에게 보여줘야 한다는 것이다. 상대방이 관심을 가지는 이유도 바로 그 부분이다. 카네기가 『인간관계론』이란 책에서도 상대방 입장으로 사물을 봐야 한다고 비슷한 이야기를 했는데, 사람들은 결국 자신이 원하는 걸 얻기 위해서 관계를 맺는다는 것이다. 그러니 상대방이 자신에게 무엇을 줄 수 있는지에 관한 호기심이 바로 관계의 시작이 되는 것이라고 했다.

"상대방에게 무엇을 줄 수 있는지 생각해보려고 하니 무척 재미가 생깁니다. 이게 호기심이라는 거죠? 마치 어릴 때 소풍 가서 한 보물찾기 같은 느낌이군요. 어떤 보물을 찾을지 두근거리는 그때 기분이 생각나네요."

"그래 그런 느낌이지. 마치 숨겨진 보물을 찾는 느낌! 그 두근거리는 마음을 잃지 말아야 해. 그게 관계의 지속성과도 관련이 있거든."

"그런 두근거림이 계속된다면 관계도 오래 지속되겠군요."

어떤 사람들은 '이 사람 역량의 끝은 어디지? 양파처럼 까도 까도 끝이 없구나.' 하는 매력이 있는데, 그런 재주꾼들은 연예인들처럼 주위에 많은 사람이 모인다고 했다. 호기심은 관심과도 비슷하고, 사람들은 자신에게 관심을 가지는 사람에게 관심을 가지는 법이라고 했다. 호기심의 순수함이 관심받고 싶은 마음과는 좀 다르지만, 타인에게 관심을 가지는 것은 사회성의 시작이기 때문에 순수한 호기심이나 순수한 관심이 결국 좋은 관계의 문을 여는 열쇠가 된다는 점을 잊지 말아야 한다고 했다.

그렇게 관계술의 비밀에서 첫걸음을 시작한 유 팀장은 자신의 주위에서 일어나고 있는 일들과 지금까지 힘들었던 관계들에 대해서 다시 한번 돌아보게 되었다.

올바른 질문의 중요성

유 팀장은 관계에 대해서 열심히 배우고 있는데 왜 점점 더 관계가 힘들어지는지 최근 강 이사와의 문제와 걱정에 대해서 관계술사에게 털어놓았다. 골치가 아픈지 머리를 이리저리 흔들면서 한숨을 쉬었다.

"그건 초등학교 때 산수를 배우면서 산수 문제가 나오고, 중학교 때는 그것보다 어려운 문제가 나오고, 고등학교 때는 더욱 어려운 게 나오는 것과 같아. 대학에 가서도 완전 어려운 학문을 배우게 되면서 점점 더 높은 수준의 문제가 나타나지? 네 수준이 올라가면 당연히 수준 높은 문제가 나타난다는 말이야. 쉬워진 문제는 이미 일상이 되어버려서 문제로 인식이 되지 않으니까 모르는 거고, 문제라고 느껴지는 것은 나의 수준보다 높다는 뜻이지. 그래서 이런 문제를 해결하면서 사람은 성장하게 되거든.”

“그럼 지금 제가 성장하면 할수록 더 어려운 문제가 나타난다는 말인데 그럼 관계를 배워도 소용없는 것 아닌가요? 어차피 어려울 텐데?”

“우리가 관계에 대해서 배우는 이유는 100% 대응을 잘하자는 것이 아니고 어려운 건 어렵다고 아는 거지. 어려운 건 원래 어려운 거니까 쉽지 않겠지? 그래서 틀려도 어쩔 수 없는 거야. 그래도 중요한 건 쉬운 문제는 틀리지 말아야 약이 안 오르잖아? 아는 문제를 틀리는 게 제일 아쉬우니, 쉬운 문제는 틀리지 말자고 우리는 그렇게 연습하는 거야.”

“아…! 100점이 아니라 쉬운 것을 틀리지 않는 삶… 이렇게 생각하니까 마음이 굉장히 편해집니다.”

관계술사는 우리가 무언가를 배우는 이유는 결국 완벽을 추구하는 게 아니라 그것들의 조화에 있다고 했다. 강 이사와의 관계도 답을 찾으려 하지 말고 답을 만들어가보라고 했다. 그러한 답은 직접 행동하고 부딪히면서 얻는 수밖에 없는데, 그럴 때 가장 중요한 것이 바로 '질문'이다.

올바른 질문이 올바른 답을 준다는 말처럼 우리가 옳은 답을 얻기 위해서는 질문을 잘해야 하는데, 처음부터 틀린 질문이나 잘못된 질문을 하니까 정답이 잘 안 나온다고 했다.

유 팀장은 자신이 여러 사람에게 했던 수많은 질문이 이렇게 중요한 것이었나? 하는 생각이 들면서 질문 하나가 가지는 의미가 이렇게 다를 수 있다는 것에 새삼 놀라고 있었다.

모든 질문은 세상을 이해하려는 외침이다 – 칼 세이건

"이제 '궁금하다'라고 하는 것이 호기심인 것은 알겠지? 이 'wondering' 은 경이로운 것, 기적, 놀라움의 대상이라는 뜻도 있거든. 모든 것에 대한 원천적인 그리고 아이 같은 순수한 눈으로 보는 호기심이 바로 질문의 원천이고 바탕이지. 편견이나 선입견 없이 사람을 보는 것 그것이 바로 진정한 호기심이야. 그래서 질문이 중요하고, 질문을 통해 우리는 배움과 행동을 연결할 수도 있지."

관계술사는 질문에 대한 답을 얻는 것이 중요한 게 아니라 질문을 통해 답을 얻어가는 과정이 중요하다, 이때 성찰이라는 것이 이루어지고,

성찰이라고 하는 탐구를 통해 우리 자신의 근본적인 질문에 도달하게 된다고 했다. 그래서 충만하고 완전한 삶으로 가는 것에서 중요한 게 바로 사고 패턴 자체를 판단에서 호기심으로 옮겨야 한다. 사람들은 그저 판단만 하려고 하고, 왜 그런가에 대한 관심은 적어서, 그게 자꾸 오류를 만든다. 그런데도 사람들은 자신의 판단이 완벽하다고 착각을 하는 것이 문제라고 했다.

탐구하는 호기심은 일단 마음이 열려야 가능한데, 닫힌 마음으로는 호기심이 생길 수가 없다고 했다. 그렇게 세상을 열린 마음으로 바라보면서 사람들과 연결되는 것이 바로 관계이고 이러한 관계의 씨앗이 바로 호기심이다. 질문을 통해 관계의 씨를 심으면 관계라는 나무가 자라나고, 거기에 관심과 노력을 통해 나무는 무럭무럭 자라나 나중에는 숲을 이루게 된다. 하지만 씨앗을 아무리 심어도 보살펴주지 않으면 싹도 날 수가 없는 게 바로 관계라는 것이다.

"관계의 씨앗을 심어라! 뭔가 이제 관계가 제대로 시작될 것 같습니다."

"바람에 흔들리지 않고 크게 자란 나무는 없어. 큰 나무는 큰 태풍을 이겨내고 그 자리에 튼튼하게 서 있는 거야. 시련은 기회이고 성장의 비료가 되지. 자네의 장점이 바로 주눅 들지 않는 에너지 아닌가? 자신감을 가지고 부딪혀 봐!"

"이제야 부딪힌다는 의미가 확~ 와닿습니다."

"행동하는 사람이 결과가 있다는 것을 명심하고, 항상 행동하는 사람이 되도록 하게. 자~ 이제 그럼 관계술의 비밀 2단계로 넘어가볼까?"

"관계술의 첫 번째 비밀 : 호기심"

좋은 관계의 필수조건, 라포(rapport)형성의 모든 것

− 라포라는 것은 두 사람 사이의 상호 신뢰 관계이다.

− 라포를 잘 형성하는 방법

  거울반응 : 상대방의 동작을 따라 하라

  역추적 : 중요한 단어나 문장을 다시 한번 묻거나 대답하라

  맞추기 : 상대방의 기준이나 생각에 맞춰라

관계의 3가지 분류

- 자신과의 관계 : 자신의 본질에 대한 호기심을 일으켜라

- 타인과의 관계 : 상대방의 입장에서 생각하라

- 세상과의 관계 : 세상에 대한 호기심이 관계를 높여준다

올바른 질문을 하라

- 100점이 아니라 쉬운 것을 틀리지 않는 삶을 살아라.

- 편견이나 선입견 없이 사람을 보는 것이 진정한 호기심이다.

- 질문에 대한 답을 얻는 것이 중요한 게 아닌 과정이 중요하다.

- -

- -

- -

이 제 부 터   당 신 도   W I N W I N 하 라 !

작은 불씨를 즐거움으로 확대시켜라 : Interesting

신의 은총을 당신의 행동으로 보여주세요.
친절한 얼굴, 친절한 눈, 그리고 친절한 미소로 사람을 대하세요.

- 테레사 수녀 -

관계술의 두 번째 비밀 '즐거움' 편을 들어가기 전에

관계는 즐겁고 신나야 합니다. 즐겁지 않은 관계는 성장하기 쉽지 않습니다. 관계는 즐거움을 통해 성장하고 건강해집니다. 혹시라도 관계로 고통받는 사람들은 꼭 깊이 생각해보세요. '왜 나는 지금 이렇게 괴로운 관계를 맺고 있는지' 스스로 잘 살펴봐야 합니다. 그렇게 괴로운 관계는 각자에게 아프고 힘든 갈고리가 되어 서로를 구속하고 병들게 하기 때문입니다. 그러다가 관계의 기쁨을 알지 못하고 관계를 그저 괴로움과 두려움으로 인식해 대인 기피증이 생기기도 합니다. 자신의 의지와 상관없이 다른 사람들의 난폭함이나 무배려로 인해 그럴 수도 있고 스스로가 상대방의 마음이나 입장이 이해되지 못해서 그럴 수도 있습니다. 관계가 즐겁지 않은 사람들이 관계를 회복하기 위해서는 왜곡된 관계의 기억을 즐거운 기억으로 바꿔야 가능한데 이게 많은 에너지와 시간이 필요합니다. 무엇보다 가장 필요한 것은 주위의 따뜻한 배려와 마음이 있어야 가능하겠지요.

즐거움은 혼자 느끼는 감정이 아닙니다. 내가 즐겁기 위해서는 남을 즐겁게 해주거나, 남이 즐거워하는 모습을 보면서 내가 즐거울 수도 있습니다. 즐거움은 혼자서 느끼는 감정이 아니라 함께하기 때문에 얻어지는 것입니다. 나의 즐거움 이전에 상대방의 즐거움을 살펴봐야 함께 즐거울 수 있습니다. 혼자만의 즐거움만 추구하는 사람은 결국 타인에게 외면받게 됩니다. 타인에게서 즐거움을 받을 수 없게 되면 결국 나의 즐거움도 사라지게 됩니다. 한번 외면받은 관계를 회복하기는 무척 힘든 일입니다. 그래서 어긋난 관계 때문에 혼자 지내는 게 나을 수도 있다고 해서 방에서 나오지 못하고 세상과 단절을 하고 사는 사람도 있습니다. 관계로 인해 생긴 마음의 상처는 무척이나 괴롭고 생각보다 심각합니다. 이런 것을 쉽게 생각하시는 분들은 관계로 힘들어하는 사람에게 알게 모르게 상처를 주는 경우도 많습니다. 관계로 즐겁기 위해서는 내 마음뿐만 아니라 상대방의 마음도 잘 이해하고 알아주어야 즐거울 수 있습니다.

　즐거움이라는 말을 세속적으로 받아들이시는 분도 있습니다만 즐거움
은 기쁨과 행복으로 연결되어야 합니다. 자신이 원하는 것들을 얻거나
생각하지 못한 깨달음을 얻는 것처럼 무엇인가 자신이 생각한 것들이 이
루어지거나 타인으로 인해 기쁜 것을 얻었을 때 우리는 즐거움을 느끼
게 됩니다. 순수한 마음으로 상대방이나 세상에서 즐거움을 얻을 때는
그 즐거움이 오랫동안 자신과 함께해줍니다. 순간적인 즐거움에 빠져 몰
입하는 사람들은 짧은 순간은 즐거울 수가 있지만 결국 즐거움이 사라질
때 더 큰 상실감을 얻게 됩니다.

관계 에피소드 2 - 복수난수(覆水難收)

회사에 출근한 유 팀장은 어제 관계술사와 나눈 이야기를 떠올려봤다.

'즐거움이 관계의 싹을 틔운다고 하면 일단 관계는 즐거워야 한다는 것인데, 즐겁지 않은 관계는 어떻게 즐겁게 만들지?'

유 팀장은 당장 강 이사와의 관계 때문에 골치가 아팠다. 잘 지내긴 잘 지내야 하는데 어떻게 해야 하는지 통 감이 오지 않았다. 관계술사가 내어준 숙제에 그 답이 있을 것 같기도 하고 숙제를 잘하다 보면 답을 알 수 있을 것 같기도 했다.

유 팀장은 강 이사와의 관계가 어느 순간부터인가 서로 퉁명스럽게 으르렁거리고 있다는 것을 알았지만, 도대체 어떻게 해야 하는지 짐작도 되지 않았다. 그렇게 강 이사와의 관계 생각만으로도 머리가 지끈거려서 도저히 일도 손에 잡히지 않았다. 그래서 머리를 잠시 식히려고 옥상에 가려고 탕비실 앞을 지나는데 갑자기 직원들이 하는 이야기가 들려왔다.

"야! 이번에 오시는 강 이사님 완전 사감 선생님인 거 알지?"
"나도 몇 번이나 지적받았어."

"에이구~ 너도 뭔가 찍혔구나?"

"찍혔다고?"

"강 이사님한테 한번 딱 찍히면 볼 때마다 하나씩 훈계를 듣게 되는 거 몰라?"

"아니 그럼 유 팀장님도 딱 찍혔나? 볼 때마다 잔소리하시던데?"

"뭐… 유 팀장님은 원래 좀 잔소리를 들을 만하잖아?"

'응? 이놈들이 사람 없는 데서 흉을 봐?'

"겉으로 열심히 하는 척하면서 자기는 맨날 농땡이나 치고 우리한텐 닦달만 하니까 속으로 내심 별로였는데, 강 이사에게 혼날 때마다 좀 통쾌한 면이 있는 것 같기도 하고… 하하하."

'아니? 이 자식들을 그냥?'

유 팀장은 탕비실로 들어가서 누군지 확인하려는데, 그때 뒤에서 강 이사가 유 팀장을 불렀다.

"유 팀장? 저 좀 보시죠?"

"엇? 강 이사님? 근데 지금 제가 탕비실에 볼일이 있는데…."

"지금 상사가 부르는데 탕비실이 더 중요합니까?"

"아니 지금 아니면 안 되는데 확인할 것이 있어서….”

"상사가 중요한 일이 있어서 불러도, 바로 오지 않는다는 것은 저를 무시하는 걸로 받아들여도 됩니까?"

"아… 아니… 그건 아니고요.”

"아니면 뭔가요?"

"아닙니다. 지금 바로 자리에 가겠습니다.”

유 팀장은 탕비실에서 자기를 험담하는 사람들의 얼굴을 보고 싶었으나 마치 도살장에 끌려가는 소처럼 강 이사를 따라 자리로 이동했다. 한 번씩 뒤를 돌아보며 누가 나오지 않을까 봤지만 아무도 나오지 않았다.

"계속 그렇게 돌아보면서 저에게 집중을 안 하는데, 내가 우습나요?"

"아닙니다. 사실은 탕비실에서 누가 제 뒷담화를 하는 것 같아서 누군지 얼굴을 확인하려고 했습니다.”

"자신과 상관없는 말이면 그런 말을 들어도 별 상관이 없다던데, 그런 말에 신경을 쓰는 것을 보니 그 뒷담화 내용이 자신의 이야기가 맞나 봅니다?"

순간 유 팀장은 얄밉게 구는 강 이사의 말에 화가 치밀어 올랐다.

"아니 이사님, 지금 무슨 내용인지도 잘 모르시면서, 왜 자꾸 저를 인신공격하시나요?"

"그런 내용이 아니면 아니지 인신공격이라니요? 상사가 부하 직원에게 조언 한마디 하는 게 그렇게 못마땅하십니까?"

"이사님! 매번 저를 보시면 사사건건 잔소리 하시는 거, 정말 너무한 거 아니세요?"

"뭐라구요? 유 팀장! 지금 저에게 시비 겁니까? 나는 유 팀장에게 이런 이야기를 들을 만한 잘못을 한 적이 없는 것 같습니다만?"

"여기 팀에 처음 오셨으면 기존의 사람들을 다독거려 주셔도 힘드실 판에 지금 사사건건 직원들을 지적하고 다니시는 게 잘하신 건 아니지요!"

강 이사의 임시 책상 주위로 사람들이 힐끔힐끔 눈치를 보기 시작했다.

"아니? 첫날부터 뭔가 사람이 별로더니, 역시나 아주 속까지 버릇이 없군요?"

"저에 대해서 뭘 아신다고 이렇게 말을 함부로 하시는 겁니까?"

"그럼 유 팀장은 상사에게 이렇게 함부로 대하라고 배웠습니까?"

"잘 대해줄 만한 사람이어야 잘 대해주죠. 아무나 잘 대해줍니까?"

언성이 높아져서 큰 싸움이 되자 김 부장이 부리나케 뛰어오면서 둘

사이를 말렸다.

"아니? 강 이사님, 유 팀장님, 무슨 일이십니까? 주변에 보시는 분들이 많습니다. 어서 제 방으로 가시지요!"

"아니 됐습니다. 저도 이런 사람과 더 이상 이야기를 나누고 싶지 않네요."

"그건 저도 피차 마찬가지입니다!"

"유 팀장! 이게 상사에게 하는 말버릇입니까?"

"사람 무시하고 막말 한 사람은 강 이사님이 먼저입니다."

"유 팀장님! 그만하시고! 얼른 제 방으로 가세요! 가서 이야기합시다!"

갑자기 김 부장이 화를 내면서 소리를 치자 유 팀장도 움찔 놀랐다.

"네… 네 알겠습니다."

"저기 이사님도 제 방으로 가서 흥분을 가라앉히고 이야기 좀 나누시지요."

"아닙니다. 전 됐으니 두 분이서 이야기 잘 나누세요. 일이 있어서 전 나가보겠습니다."

"아니? 이사님? 이사님?"

그렇게 이야기하고 강 이사는 옷을 챙겨 밖으로 휙 나가버렸다.

"아니 김 부장님, 저거 좀 보세요. 저렇게 하시는데 제가 어떻게 화가 안 납니까? 아무리 아랫사람이라고 해도 지난 책임자였던 김 부장님이 말씀하시는데, 그냥 싹 무시하고 나가는 경우는 예절에 맞습니까? 누가 더 예절에 어긋나는 건가요? 말씀 좀 해보세요.”

“유 팀장!!!”

김 부장이 크게 소리치며 유 팀장의 말을 잘랐다. 그리고, 유 팀장은 김 부장의 방에 끌려 들어가다시피 들어갔다. 김 부장은 자리에 앉아서 유 팀장을 쳐다보면서 이야기했다.

“유 팀장님, 요즘 저와 이야기를 나누고 많이 좋아지고 달라졌다고 생각했는데 결국 옛날로 돌아가신 건가요?”

“김 부장님, 저는 억울합니다. 저는 잘 지내보려고 얼마나 노력했는데요.”

“노력을 하는 사람이 그렇게 행동합니까? 강 이사님은 앞으로 유 팀장님의 상사로 오실 분이세요. 그분에게 잘못 보여서 좋을 게 뭐가 있습니까?”

“상사라고 부하 직원을 함부로 대하는 건 잘못된 거죠. 아까도 저에게 버릇이 없다고 대놓고 사람들 앞에서 면박을 주셨어요.”

계속 말대꾸하는 유 팀장에게 김 부장은 한숨을 쉬면서 말을 했다.

“방금 가장 버릇없게 군건 유 팀장님이신 것 같은데요? 많은 사람이 보는 가운데 새로 오실 상사분에게 대든 건 유 팀장이지 않나요? 어떠한 상황이더라도 팀장급이 되셨는데 그 정도 상황 파악이나 사리 분별도 못하십니까?"

"아니~ 제가 이유 없이 그렇게 한 게 아닙니다. 부장님, 자꾸 왜 저만 이렇게 혼내시는 거죠? 제 편을 들어 주시지도 않고… 어차피 나가실 건데 조금이라도 체면 좀 살려주시면 안 되나요?"

유 팀장의 말을 듣고 김 부장은 갑자기 말을 멈추었다. 그리고 유 팀장 얼굴을 한참을 쳐다보더니 크게 한숨을 쉬었다.

"그렇죠… 저는 갈 사람이죠…. 갈 사람이 꾸짖어서 죄송하게 되었습니다. 저야 떠날 사람이죠…."

"부장님 그게 아니고… 제가 순간 말실수를 했습니다. 죄송합니다."

"아닙니다. 저는 괜찮으니 이제 어서 나가서 일 보십시오. 저 혼자 생각을 좀 하고 싶은데 나가주시면 감사할 것 같습니다."

"네… 알겠습니다. 그만 나가보도록 하겠습니다."

유 팀장은 그렇게 쫓겨나듯이 방에서 나왔다.

'갑자기 이게 무슨 일이야? 나한테 무슨 일이 일어난 거지? 강 이사님에게도 김 부장님에게도 완전히 찍혀버렸네… 내 회사생활 앞으로 어떻게 하지?

유 팀장은 탕비실의 빈 의자에 털썩 주저앉았다. 혼자 탕비실에 앉아서 곰곰이 생각해보았지만 지금 갑자기 벌어진 이 일이 도대체 실감이 나지 않았다. 이미 엎질러진 물이었다.

유 팀장은 기분을 잡쳤지만 관계술 수업은 빠지고 싶지 않았다. 그래서 찾아온 놀이터에서 관계술사의 이야기는 계속 이어졌다. 관계술사는 '관계의 씨앗이 호기심'이라는 첫 번째 비밀에 이어, 관계술의 두 번째 비밀을 종이에 적어서 보여주었다.

Interesting

"관계술의 두 번째 비밀은 바로 '즐거움'이야. 관계의 씨앗인 호기심을 잘

심었다면 이제 싹을 틔워야지? 씨앗이 싹을 틔우려면 무엇이 필요할까?"

"일단 씨앗이 싹을 잘 틔우려면 땅도 좋아야 하고, 영양분도 필요하고, 물도 잘 주고, 햇빛도 잘 비춰주고 해야 하지 않나요?"

"오~ 나무를 좀 키워보았나? 아주 잘 아는데? 씨앗을 싹 틔우기 위해서는 가장 중요한 게 영양분을 잘 주고 햇빛이나 물도 아주 적당하게 잘 줘야 하지. 관계도 마찬가지야."

관계술사는 씨앗을 잘 틔우기 위해 첫 번째로 '긍정적인 마인드'가 아주 중요하다고 말했다. 부정적인 마인드를 가진 사람들은 마치 사막에 던져 놓은 것처럼 싹을 틔우기도 힘들다. 그래서 긍정적인 마인드에 우리가 배웠던 상대방의 마음을 보는 눈까지 더해진다면 관계의 씨앗은 힘차게 싹을 틔울 수 있다고 했다.

관계술사는 이어서 계속 말했다. 싹을 틔우기 위한 두 번째 조건으로는 적당한 '물'이 필요한데 주변의 날씨에 맞춰서 적당하게 조절해 너무 많이 줘도 안 되고 너무 적게 줘도 안 된다. 관계에서도 물과 같은 것이 바로 '관심'이다. 관심이 너무 많으면 관심을 넘어 강요나 심지어 스토킹이 되어버릴 수도 있고 관심이 너무 적어도 무관심이나 관계 자체가 멀어져버릴 수 있다고 했다. 그리고 세 번째, 모든 생명체에게 필수인 '햇빛'은 바로 '즐거움'이다. 세상의 모든 만물이 햇빛에너지를 받고 성장을 하는 것처럼 나무도 에너지가 있어야 광합성을 하고 성장을 할 수가 있다. 햇빛이 에너지를 주듯이 '즐거움'이라고 하는 감정의 파동에너지가 관계를 싹 틔우는 힘이 된다는 것이다.

"결국 상대방에게 즐거움을 준 만큼 관계에서 즐거움을 받을 수 있겠군요."

"내가 괴로운 마음으로 상대를 만나게 되면, 상대방도 괴로움으로 나를 대하게 되는 거지. 마치 미러링이나 페이싱처럼 말이야. 이게 관계의 신비로운 점이지. 어쨌든 관계는 즐거워야 해. 관계는 즐겁지 않으면 만들어지지 않아. 아무리 호기심이 생겨서 관심이 생겼더라도 즐거움이 안 생기면 그냥 그 호기심도 사라져 버려. 씨앗이 싹을 틔우지 못한 거지."

유 팀장은 '즐거움을 받기 위해서만 관계를 생각해보았지, 즐거움을 주기 위한 관계를 생각하지는 않았구나.' 하는 것을 알게 되었다.

즐거움은 과정을 즐기는 것에서 나온다

유 팀장은 오늘 회사에서 있었던 강 이사와 김 부장과의 일에 대해서도 관계술사에게 들려주었다.

"그… 그렇게 된 겁니다. 이게 다 그 탕비실에 있던 놈들 때문입니다. 화가 나서 그만 강 이사부터 김 부장까지 한 방에 스트레이트로 사고를 확 저질러버렸습니다."

"쯔쯔쯔… 네 녀석은 지금도 남 탓만 하고 있군. 하지만 뭐, 이게 너만의 패턴은 아니지… 패배자 같은 사람들이 대부분 가지고 있는 패턴이니까. 이런 패배자의 패턴을 끊기 위해서는 자신의 패턴을 잘 살펴봐야 해. 결과가 중요한 게 아니라 과정이 중요하니까 그러한 결과가 왜 일어났는지 살펴보라는 거지. 그 결과가 좋든 안 좋든 그렇게 된 이유를 알아내면 그다음 목표를 수립할 때 반영하게 되고, 그게 바로 지식이라는 것이 생기게 되는 원리야. 그것을 회사 운영이나 경영에 반영하는 것을 지식경영이라고 하지. 그리고 그런 지식이 자꾸 모여서 결국 기업이든 사람이든 성장하게 되는 거야."

결과에 기대하지 말고 이루어지는 과정을 즐겨야 하는 이유도 그런 것이고, 그것이 바로 즐거움을 만드는 비밀이라고 했다. 그래서 관계도 기대하지 않는 가벼운 마음으로 시작하고, 부담 없이 서로에 대한 호기심과 즐거움을 일으켜야 한다. 관계 자체를 큰 기대하지 않는 마음으로 그저 과정을 즐기는 것이다. 그리고 목표를 세울 때 성과 평가를 할 수 있는 기준을 잘 세우는 것도 중요한데, 기준을 통해 성과 관리를 하면서 자신은 자꾸 인식해나가는 과정이 바로 성장의 과정이다. 이러한 과정이 바로 관계술이라고 말했다. 그래서 그 과정을 즐기라는 것이 바로 이번 관계술의 두 번째 비밀인 '즐거움'의 핵심 메시지라고 했다.

"전 관계를 어떤 숙제나 일로서 생각해왔습니다. 내가 이루고자 하는 것들을 위해서 사람들의 도움이 필요하니까 관계를 맺어야 한다고 생각했습니다. 그래서 관계를 즐긴다는 생각을 못 해봤어요. 기브앤테이크처럼 '서로 주고받는다'고만 생각했습니다. 그러니 관계가 즐겁지 않고 항상 긴장의 연속이었습니다."

"관계는 정말 즐겁게 즐기는 거야. 그래서 나쁜 관계라고 할 만한 것도 없어. 나쁘다는 관념도 결국 내가 생각한 것이고 모든 관계는 나를 위해서 존재하고 나를 비춰주는 거울이야."

"이제야 관계가 거울 같다는 말이 이해됩니다. 오늘 있었던 탕비실, 강이사님, 김 부장님 일을 보면 내 관계를 비춰주는 거울이었다는 게 새삼 느껴지네요. 결국 그런 사건들이 제가 사람들과의 관계에 대한 현재 생각을 비춰주는 것이었어요. 정말 저는 남 탓만 했네요. 정말….."

관계술사는 다른 사람을 바꾸는 것은 어렵기 때문에 남을 바꾸려고 하면 안 된다며, 거울의 의미를 잘 생각하라고 했다. 거울 속의 모습을 바꾸려면 결국 거울 속 본래의 사물을 바꿔야 바꿀 수 있다. 즉 내가 달라져야 거울 속 내 모습도 바뀔 수 있다면서, 불편한 관계의 패턴이 계속 바뀌지 않고 반복되던 이유가 바로 자신이 안 바뀌어서 그런 거라고 했다. 그래서 자신이 변하기 위해서는 그 거울 역할을 해주는 관계를 잘 알아야 하는데, 결국 관계의 목적은 내가 변하고 성장하는 것이기 때문이다.

"극과 극은 통한다고 하더니. 오늘 힘든 일에서 더욱 큰 깨달음을 얻은 것 같습니다. 모든 건 결국 실천해서 깨달을 수 있다는 것까지도요."

"분명 자네는 잘해내게 될 거야. 관계로 즐거운 점은 좋은 관계가 되어서 즐거운 것이 아니라 좋은 관계가 되어가는 과정이 즐거운 것이라는 걸 잊지 마."

"관계술의 두 번째 비밀 : 즐거움"

관계의 싹을 틔우기 위한 첫 번째 조건, 긍정적인 마인드

– 부정적인 마인드에선 좋은 싹이 나올 수 없다.

– 상대방의 마음을 보는 눈까지 더해 힘차게 싹을 틔워라.

관계의 싹을 틔우기 위한 두 번째 조건, 관심

– 관심이 너무 많으면 강요가 될 수 있다.

– 관심이 너무 적으면 관계 자체가 멀어져버릴 수 있다.

– 상대방에게 맞춘 적당한 양의 관심이 필요하다.

관계의 싹을 틔우기 위한 세 번째 조건, 즐거움

– 관계는 즐겁지 않으면 만들어지지 않는다.

– 햇빛이 에너지를 주듯이 즐거움이 관계를 싹 틔우는 힘이 된다.

– 즐거움을 준 만큼 즐거움을 받을 수 있다.

이 제 부 터   당 신 도   W I N W I N 하 라 !

불씨를 연결하고 전파하라 : Networking

수만 톤의 가시는 벌 한 마리도
불러 모으지 못하지만 한 방울의 꿀은 수많은 벌떼를 불러 모은다.

- 서양 속담 -

관계술의 세 번째 비밀 '연결' 편을 들어가기 전에

관계는 둘 이상의 사람이 만나서 이루어지는 소통과 공유의 에너지 교환입니다. 그래서 관계는 연결이라는 주제를 벗어날 수 없습니다. 관계는 전체적으로 자신과 타인 그리고 세상과의 관계로 나눠볼 수 있습니다. 그중에서 자신과의 관계는 스스로가 둘은 아니지만, 두 명이라는 생각으로 자신과의 소통이 이루어지면 더욱 객관적인 자기 인식이나 자기조절이 이루어집니다. 자신과의 관계가 사실 제일 중요합니다. 자기 인식이 명확할수록 타인과의 관계도 잘 보이기 때문입니다. 그래서 관계는 결국 출발이 자기 자신의 인식에서 시작합니다. 연결도 시작점이 필요합니다. 그게 바로 자신의 마음입니다.

연결한다고 하는 것은 점과 점이 이어지는 것입니다. 관계에서 점은 마음입니다. 상대방과 나의 마음이 이어지는 것입니다. 즉 마음이 소통하는 것이 바로 관계에서의 연결을 의미합니다. 현대사회에는 인터넷으로 모든 만물이 다 연결되어 있습니다. 사물인터넷처럼 전자기기 하나까지도 연결되어 있습니다. 집에서 가동되는 보일러도 데이터가 쌓여 봄여름 가을 겨울 4계절별로 적정한 온도를 찾아줍니다. 여기에 인공지능이 보태어지니 제법 사람처럼 추천하고 관리도 해줍니다. 이러한 연결이 넘치는 세상에서 사람들 또한 소셜네트워크를 통해 무한히 연결되어 있습니다. '좋아요'와 추천을 누르면서 상대방의 콘텐츠에 답을 합니다. 그

렇게 직접적이거나 간접적으로 연결되어서 서로 무엇을 하며 사는지도 알 수 있습니다. 그래서 온라인에 자신의 일과를 자주 업로드하는 사람은 하루의 일과나 요즘 생각하는 것들이 무엇인지 직접 통화나 이야기를 나누지 않아도 제법 알 수 있습니다. 그래서 직접 통화나 만난 것은 아닌데 잘 알고 지내는 것같이 착각하기도 합니다.

기술이 발달할수록 직접적인 접촉은 점점 약해지고 간접 경험이 많아지게 됩니다. 더욱 이번 코로나 팬데믹으로 인해 직접 접촉에 대한 공포가 커지면서 온라인 해결책에 대한 방안이 쏟아져 나왔습니다. 그래서 소셜네트워크가 점점 더 강해지고 메타버스가 앞으로의 미래 먹거리라고 합니다. 이제는 수많은 사람과의 연결이 가능한 시대가 된 것입니다. 기술의 발전으로 일방적인 커뮤니케이션이 쌍방향으로도 연결됩니다. 그러다 보니 예전에 비해 수많은 사람이 자신의 콘텐츠를 통해 많은 사람에게 영향을 주는 시대가 되었습니다. 그들을 우리는 인플루언서라고 합니다. 그들의 영향력이 한때 파워블로거라고 부르던 사람의 영향력처럼 더 넓고 더 깊이 팬덤을 형성하였습니다. 그래서 그들은 더욱더 자신의 팔로워 수를 늘리기 위해 노력하고 노력합니다. 그것이 명예도 되고 돈도 되기 때문입니다. 그러다 보니 수많은 소셜앱에서도 그러한 팔로워를 많이 늘리고 싶은 '좋아요' 중독까지 생겼습니다.

그래서 우리는 마치 많은 사람과 자유롭게 소통이 되는 것처럼 보입니다. 하지만 어떨 때는 무분별한 소비자의 댓글이 전체를 뒤흔들기도 합니다. 그래서 아무리 많은 팬덤을 가지고 있어도 진정성이 바닥이 나면 그 영향력은 오히려 독이 됩니다. 그렇게 반짝이다가 한순간에 나락으로 떨어진 인플루언서들도 있습니다. 많은 사람에게 큰 영향력이 되기 위해서는 그만큼의 책임과 감당할 수 있는 마음의 크기 또한 중요합니다. 하지만 명심해야 하는 것은 그것이 진정으로 연결되고 소통되는 것인지에 관한 부분입니다. 보여주고 싶은 것만 가상의 인격체를 통해 전달될 수도 있고 왜곡된 모습으로 인식시켜줄 수도 있습니다. 남의 사진이나 콘텐츠로 마치 자신인 것처럼 도용하는 범죄도 이제는 흔히 볼 수 있는 일이 되었습니다.

　아무리 어플이 좋고 동영상이 플레이되고 사진이 수십, 수백 장 올라가도 사람이 직접 대화하고 마음을 나누는 것만큼 좋은 것은 없습니다. 그것의 중심이 바로 관계입니다. 관계를 어떻게 맺는지가 앞으로 우리가 꼭 집중해야 하는 중요한 과제입니다. 온라인이 발달할수록 놓치지 않아야 하는 것이 바로 이 관계의 연결성입니다. 온라인임에도 불구하고 단절감 없는 팬덤을 형성하기 위해서 가장 필요한 것은 바로 공감력입니다. 공감할 수 있는 콘텐츠가 연결을 명확하게 만들 수 있습니다. 아무리 좋은 온라인이라고 해도 결국 사람과 사람의 연결이 기본입니다. 그 연결이 어떠한 것을 의미하는지 한번 제대로 살펴보아야 우리는 앞으로 다가올 초연결 시대에 우리의 본질을 잃지 않을 수 있습니다.

관계 에피소드 3 - 설상가상(雪上加霜)

유 팀장은 관계술사에게 배운 여러 가지 비밀을 돌이켜 보았다. 호기심… 즐거움… 그리고 연결까지 그리고 관계에 대한 여러 가지 실마리들도 떠올려봤다. 역시 아는 것과 행동으로 하는 것은 다르다고 배울 때는 뭐든지 할 수 있을 것 같고, 이제 관계는 술술 풀릴 줄 알았는데 막상 문제에 닥치니까 머릿속이 하얗게 되면서 어떻게 해야 될지 떠오르지 않았다.

뒤숭숭한 분위기로 오전이 가고 오후에는 강 이사가 임원진들과 함께 사무실로 들어왔다.

"이번에 새로 오시는 강필성 이사님은 이미 인사를 하셔서 잘 아시지요? 오늘부터 저희 팀에 정식으로 임명되셨습니다. 오늘 저와 인수인계하시고 업무를 시작하시니 앞으로 회사에 적응하시고 부서 성과를 높이는 것에 여러분들이 많이 도와주시고 보필해주십시오."

"흠! 흠…! 여러분들, 오늘부로 마케팅부서 이사로 부임하게 된 강필성입니다. 미리 인사를 나눈 직원분들도 계시지만 정식으로 다시 인사드립니다. 반갑습니다."

"짝짝짝!~"

"네, 감사합니다. 제가 여러분들에게 드리고 싶은 이야기는 딱 하나입니다. '기본을 지키자'입니다. 기본만 잘 지키면 큰 문제가 생기지 않습니다. 그러나 그 기본도 지키지 못하는 사람들 때문에 열심히 하는 사람들이 피해를 보고 팀의 성과를 떨어뜨립니다."

강 이사는 잠시 말을 멈추고 주위를 둘러보았다. 그때 유 팀장과 눈이 마주쳤다.

'뭐지? 나 보고 이야기하는 거야?'

강 이사는 말을 계속 이어나갔다.

"저는 팀워크를 통해 일을 잘해 나가는 것이나 부서의 성과를 높이는 것 등의 기본적인 이야기보다 개개인이 지켜야 하는 작은 것들이 모여서 큰일을 이루는 것이 더 중요하다고 생각합니다. 우물에 독이 한 방울 떨어지면 그 우물은 아예 못 먹습니다. 스스로가 그러한 독이 되지 않도록 노력하셔야 합니다. 제가 미리 회사를 나와서 업무 인수인계 및 분석을 좀 해보았습니다. 몇몇 직원의 안일하고 분위기를 해치는 태도도 목격되었습니다. 이러한 것들을 제일 먼저 잡아가려고 합니다. 이는 여러분들을 위한 것임을 다시 한번 강조합니다. 기본이 되어야 큰일도 할 수 있습니다. 앞으로 잘 부탁드립니다."

역시나 눈치 빠른 최 대리가 제일 먼저 환호와 함께 물개박수를 쳤다. 그러자 주위의 모든 직원이 함께 박수를 따라 쳤다.

"앞으로 잘 부탁드립니다. 강 이사님."

"자네가 최 대리지? 앞으로도 눈여겨 잘 보겠네. 상사 때문에 고생이 많네."

"네?"

"아닐세, 어쨌든 앞으로 잘 부탁하네."

"네?! 아! 네네네. 감사합니다. 잘 부탁드립니다."

"앞으로 잘 부탁드립니다. 이사님."

연결은 타이밍이다

오늘 저녁도 관계술사의 관계 수업은 계속되었다.

"오늘은 회사에서 별일 없었나?"

"아주 오늘 난리가 났죠… 덕분에 어제 배운 즐거움에 관한 이야기로 여러 가지 생각을 많이 했는데 결국은 직접 부딪히는 수밖에 없더라고요. 감사함이라는 것도 결국은 내가 직접 겪어야 얻을 수 있겠더라고요. 직접 한번 당당하게 부딪히면서 풀어야겠다고 생각했습니다."

"그래도 뭔가 해보려고 마음을 먹었다고 하니 가르치는 보람이 있군. 주변에서 감사함은 좀 찾아봤나?"

"그 말씀을 듣고 집에 가서 곰곰이 생각해보니 결혼한 상황부터 내가 편하게 누워서 쉴 수 있는 집이 있는 것도 그렇고, 내가 지금 가진 것이나, 내 옆에 있는 사람들은 누구인지 그런 생각을 했습니다. 관계술사님 말처럼 저는 그게 그저 당연하다고 생각하고 있더라고요. 그때 감사함과 미안함이 함께 같이 왔습니다. 그래서 와이프에게 사랑 고백처럼 '그동안 참 고마웠어.'라고 표현을 좀 했죠. 덕분에 점수 좀 땄습니다."

작은 것도 하나하나 감사함으로 찾아가다 보면 결국에는 세상의 모든 것들이 즐거움으로 다가올 수 있다. 감사한 마음이 표현되고 그렇게 자신의 마음이 전달되니까 상대방의 반응 또한 감사함으로 되돌아오게 된다. 그때 가슴속에서 올라오는 따뜻함을 느낄 수 있는데, 그 순간이 바로 마음과 마음이 연결된 상태라고 말했다. 공감은 각자의 마음이 내는 파동이 서로 만나면 상쇄시키는 것이 아니라 진동이 잘 겹치면서 파동이 더 커지는 맥놀이 현상이 일어나는 것이다. 그런 큰 파동이 마음을 감싸 올 때 우리는 서로의 마음에 진동하게 되고, 그럴 때 우리는 서로 연결되

었다고 말한다. 관계술사는 그것이 바로 관계술의 세 번째 비밀인 '연결'
이라고 말했다.

관계술사는 종이에 관계술의 세 번째 비밀을 적어서 보여주었다.

Networking

"호기심으로 씨도 심고 즐거움으로 싹도 틔웠으면 이제 본격적으로 관
계를 맺어 봐야지? 그 행동의 첫 번째가 바로 연결이야."

"그렇군요. 어떻게 보면 호기심이나 즐거움은 나의 내면에서 일어나는
일이었다면, 이제 관계에 대해서 본격적으로 행동을 시작하기 위해서는
누군가와 연결되는 것이 그 시작이 되겠네요."

"게임을 시작할 때도 로그인해야 접속을 할 수 있듯이 관계도 결국 연
결이 되어야 시작이 되는 거니까."

관계술사는 사람들이 주위의 관계가 어려워져야 비로소 더 간절함을 느끼게 된다며, 열심히 하는 마음이 꼭 무엇을 잃어야 나와서 안타깝다고 했다. 그래도 좌절하지 않고 이겨 나가려고 하면 좋아질 수 있다고 말했다.

"그럼 연결에 관해서 좀 더 들어가볼까? 자~ 관계의 연결이 이루어질 때 중요한 것이 몇 개 있지. 그중에 중요한 것이 바로 타이밍이야."

관계는 좋은 타이밍에 연결해야 하는데, 내가 아무리 긍정적인 마음을 가지고 있어도 상대방에게 무조건 환영받는 것은 아니기 때문이다. 상대방이 나의 마음을 온전히 받아주는 신뢰나 믿음 같은 것이 없으면 아무리 내가 진정성을 가지고 연결해도 그게 잘 이어지지 않는다. 그래서 관계의 연결에는 때를 아는 것이 중요하다고 했다.

연결이라고 하는 것을 한번 살펴보면 의미적으로는 점과 점이 연결되는 선을 생각해볼 수 있는데, 여기에 있는 점과 저기에 있는 점이 연결되어 선이 되려면 그 시작점과 도착점이 필요하다.

그리고 이 주체인 점은 사람에게 있어서 마음이다. 즉 마음과 마음이 연결되는 것이 관계에서 말하는 명확한 연결의 의미라고 했다. 그렇게 마음이 연결되기 위해서는 마음이 열려야 하는데, 연결하려고 아무리 노력해도 상대방이 굳게 닫힌 성문처럼 마음을 열지 않으면 결국 단절되고 만다. 그래서 상대방의 마음이 열렸을 때 연결되는 것이다.

"서로의 마음을 열기 위해서는 공감과 진정성의 바탕이 생겨야 하고 그때가 바로 연결을 시작하는 마음이 준비된 때야. 아직 마음에 그런 것들이 생기지 않았는데 연결을 시도했다가 낭패를 보는 경우가 많아. 상대방이 그렇게 마음을 열고 공감하고 진정성을 느껴줄 때까지 기다리는 것이 바로 연결의 타이밍을 잡는 비결이지."

"그러면 우리가 배운 경청의 스킬로 잘 살펴보면 더욱 도움이 되겠네요?"

"경청을 통해 우리가 소통을 잘할 수 있다고 했으니 연결도 잘 통한다는 의미에서 같은 이야기라고 할 수 있지. 경청이 바로 때를 기다리는 마음에서 나온 것이기도 하고 말이야."

유 팀장은 점과 점이 잘 연결되도록 한다고 하니 문득 마음에 연결될 수 있는 점이 나타나는 장면이 떠올랐다. 상대방의 마음에도 스르륵 점이 나타난 것이 확인되면 나도 내 마음의 점에서 관계라는 줄을 꺼내 서로를 연결하는 모습을 그려보았다.

관계술의 강력한 마법 주문, '감사합니다'

관계술사는 우리가 이미 관계술의 강력한 마법 주문을 이미 잘 알고 있고, 또 사용하고 있지만 잘 인지하지는 못하고 있다 했다. 그게 바로 '인사'라고 말하면서 '감사합니다', '사랑합니다', '미안합니다', '고맙습니다'와 같은 것들이라고 했다. 이 말을 마법 주문이라는 것을 모르는 것이 문제긴 하지만. 인류 대대로 이 강력한 마법 언어는 사람들의 마음을 움직이는 가장 강력한 주문이며, 다른 나라의 언어로 사용되어도 그것은 여전히 힘을 강력하게 발휘할 수 있다고 했다. 그중에서 인사를 할 때 사용하는 마법 언어로 '반갑습니다', '안녕하세요?'와 같은 말은 상대방의 마음을 여는 최강의 연결 마법 주문이라고 했다.

"주문이라는 것은 말에 의지를 싣는 것이야. 그렇게 생각해본 적이 없으니 인사를 해도 상대방이 마음을 제대로 열지 않는 거지. 말에는 믿음과 확신 그리고 마음이 담겨야 해. 〈해리포터〉 영화에서도 같은 주문을 외워도 시전하는 사람이 믿지 않거나 믿음이 약하면 마법이 제대로 발휘되지 않고 파워도 떨어지는 거 봤지?"

"앞으로는 인사를 할 때 굳게 닫힌 마음의 빗장이 열리는 것을 상상하면서, 마법 주문을 보내듯이 의지를 실어 봐야겠습니다."

"그리고 인사 마법 주문을 외울 때 더 효과적으로 만들어주는 방법도 있지. 그건 바로 우리가 연결하고 싶은 주체의 '이름'을 불러주는 것이야. 이름을 불러주면 그 상대는 무에서 유가 나타나듯이 그 주체가 명확해지고 구체화될 거야. 상대방의 이름을 불러주는 것은 명확하고 강력하게 연결하겠다는 의지의 힘이 되지. 그래서 인사 뒤에 이름을 불러주면 더 정확하게 관계의 점을 연결할 수 있게 되는 거야."

"사람과 사람이 연결되는 것을 마치 하나의 마법처럼 생각했더니 그 관계가 굉장히 파워풀하고 큰 의미로 다가옵니다. 신선한 경험이네요."

관계술사는 우리가 평소에도 인사 같은 마법 주문들은 이미 오래전부터 수없이 사용해 오고 있었지만, 요즘 들어 사용을 잘 안 해서 그런지 세상이 점점 삭막해져가고 있다고 했다. 온라인에서는 정보가 수없이 오가고 소통되는 것 같아도 그런 의지가 없는 말들이 허공에 홍수처럼 넘쳐나고 있어서 더욱 안타깝다며 인사 마법 주문만 잘 외워도 이 세상은 훨씬 살기 좋은 세상이 될 것이라고 했다. 그래서 인사가 아름다워지고 사람과 사람들의 마음이 연결되는 그런 세상을 위해서 지금 가르쳐주는 관계술이 꼭 필요한 이유라고 덧붙였다.

유 팀장은 집으로 돌아가는 내내 손가락으로 해리포터의 마법 지팡이를 흉내 내면서 마음속으로 주문을 외웠다. '관계야 좋아져라', '나쁜 관계는 사라져라'라고 속으로 말하니까 정말로 이루어진 것처럼 마음이 편해지는 것을 느꼈다. 마치 마법 주문이 발동되어서 세상이 바뀐 것처럼 말이다.

닫힌 질문이 아닌 열린 질문을 하라

다음 날 저녁에도 관계술사의 비밀 수업은 계속되었다.

"'올바른 질문이 올바른 답을 나오게 한다'고 했던 이야기 기억나나? 올바른 대답을 얻기 위해서 가장 중요한 것이 질문 자체가 좋아야 한다는 뜻이었는데."

"그 말씀은 제가 지금 뭔가 질문을 잘못하니까 관계가 안 좋아졌다는 건가요?"

"딱 그러한 이유만 있는 것은 아니야. 질문은 결국 사람과 사람을 연결하는 첫 번째 행동 스킬이니까. 질문 스킬의 심화 과정으로 질문을 잘하는 요령을 몇 가지 알려주지. 질문에 관한 첫 번째 요령은 '열린 질문인가? 혹은 닫힌 질문인가?'를 구분하는 것이야."

관계술사는 닫힌 질문이 정해진 답 중에서 선택하는 느낌이라면, 열린 질문은 정해진 답이 아니라 무한한 답이 나올 수 있는 질문이라고 했다. 예를 들어 닫힌 질문으로는 '언제 하실 건가요?', '좋은가요? 나쁜가요?',

'가능한가요?' 이런 질문들이 있고, 이러한 닫힌 질문들의 답으로는 답이 뻔하게 나오니까 크게 상대방이 생각할 필요가 없다고 했다. 그런데 열린 질문은 '당신이 생각하는 최고의 방법은 무엇입니까?', '어떠한 것들이 당신에게 소중합니까?'처럼 생각을 많이 할 수 있는 질문이라고 했다. 단순히 둘 중 하나를 고르게 하는 선택보다 상대방에게 더 많은 생각을 할 수 있게 하는 열린 질문이 대화를 풍부하게 만들어줄 수 있다. 닫힌 질문은 답을 하고 나면 그 뒤를 이어 나가기가 쉽지 않고 별 감흥이 교류되지 않는 단점이 있지만 가끔 그러한 방법적인 대화가 필요할 때도 있어서 닫힌 질문을 절대 하면 안 된다고 할 수는 없다는 말도 덧붙여 말했다.

유 팀장은 평소에 주로 사용하는 질문으로 닫힌 질문을 많이 사용했다는 생각이 들었다. 그래서 대화가 좀 단조롭거나 깊이 있게 되지 않았구나 싶어서 앞으로 관계에서 서로 깊이 있게 연결되기 위해 열린 질문하는 방법을 꾸준히 연습해야겠다고 생각했다.

"자~ 그럼 질문의 두 번째 요령을 알려주자면 내 '의도'를 질문에 넣지 않는 것이야."

의도가 들어가는 질문의 예로 '그렇게 하시면 안 되지 않을까요?', '그런 선택을 하시면 더 문제가 되지 않을까요?'와 같은 식으로 내 의견이나 의도를 넣는 질문이라고 했다. 그런 의도나 의견 또는 평가 같은 것들이 들어가면 상대방이 지적받는 기분이 들어서 싫어할 수 있는데, 의도가 들어가지 않게 질문하는 것을 중립 질문이라고 한다. '어떤 것을 선택하는 것이 유리할까요?', '당신이 좋아하는 것을 고른다면 무엇입니까?'와 같은 질문들을 예로 들어주었다. 그 외에도 부정적인 내용으로 질문하는 것보다 긍정적인 내용으로 질문을 하든가, 나의 역량을 뽐내기 위한 질문이 아니라 상대방의 역량을 키워주는 질문 같은 것들이 좋은 질문이라고 했다.

연결의 핵심은 태도에 있다

관계술사는 상대방의 이야기를 잘 들어야 좋은 질문을 할 수 있기에 여기서도 경청이 중요하다고 했다. 상대방의 의도나 의중을 파악하는 것, 그러기 위해 상대방의 말을 잘 들어보는 것이 좋은 질문을 할 수 있게 만들어준다. 그래야 상대방은 '이 사람과 마음이 잘 맞네?' 하는 생각을 하게 되고, 그게 바로 연결의 핵심이라고 했다.

소통한다는 것. 통한다는 것. 이것이 사람과 사람이 연결하는 이유이기 때문에 질문은 결국 상대방의 이야기를 끌어내는 수단으로 사용될 때 연결이라는 멋진 브릿지 역할을 해줄 수 있다. 자신이 상대방에 대해서 궁금해서 질문하는지 아니면 그저 내가 이야기하고 싶어서 질문하는지 찬찬히 한번 생각을 해보라고 했다. 그저 자신이 말하기 위해서 하는 질문은 그냥 수다가 되어버리기 때문에 조심하라고 했다. 그리고 수다도 관계가 연결되지 않았을 때는 지루함으로 금방 변하기 쉽지만, 관계가 잘 만들어졌을 때는 그런 수다가 오히려 가끔 서로의 관계를 더 돈독하게 해줄 수도 있다고 했다.

"질문 하나에도 이렇게 신묘함이 숨어 있군요."

"질문은 기적의 언어라고 표현할 수 있어. 좋은 질문은 상대방에게 스스로 답을 찾아내게도 하고, 깊은 생각을 자극하기도 하고, 상대방의 마음을 열게 하거나, 분위기를 한순간에 바꿔줄 수 있는 강력한 힘이 있지. 그래서 질문은 연습을 많이 하면 할수록 더 능숙해지니까 많이 연습하는 것이 좋지. 영화 〈매트릭스〉에도 그런 말이 나와. 길을 아는 것과 그 길을 걸어가는 것은 완전 다르다."

"생각만으로는 이루어지지 않는다. 이런 거군요. 지금 당장 행동하라!"

질문은 행동하는 것이고, 그런 좋은 질문의 베이스는 좋은 태도에 있다. 여기서 좋은 태도는 상대방에 대한 배려와 존중의 마음인데 그러한 태도가 좋은 질문을 통해 사람과의 연결을 더욱 단단하게 만들어준다.

생각하지 않고 내뱉는 말은 결국 독이나 가시가 되어서 자신에게 돌아오기 때문에 사람들은 순간적으로 자신을 위한 방어적인 말을 꺼내게 되고, 그래서 결국 뉘앙스가 전혀 다르게 전달되면서 원래 생각하고 전혀 다른 결과나 오해를 만들어내는 경우가 생긴다고 했다. 심지어 사람들은 자기가 듣고 싶은 것만 듣고 원하는 대로 해석해버리니까 그 오해는 더 심해지는 것이다.

관계에도 마인드 컨트롤이 필요하다

"그럼 일단 저는 어떻게 하면 될까요?"

"뭔가 관계가 안 좋거나 꼬였다 생각이 들면 우선 거기서 생각을 멈춰야 해. 일단 뭘 더 잘해보려다가 더 꼬이는 경우가 많거든. 그래서 관계가 꼬였다 싶을 때는 우선 부정적인 생각이 꼬리에 꼬리를 물고 넘쳐나는 것을 멈추는 것이 먼저야. 일단 스톱! 그리고, 크게 심호흡을 하는 거야. 그렇게 자신을 우선 마인드 컨트롤하는 거지. 그래서 관계가 좋은 사람이나 사업적으로 성공하는 사람들이 마인드 컨트롤을 위해 명상하는 사람들이 많은 이유야. 호흡만 잘해도 부정적인 생각에서 벗어나는 것에 크게 도움을 받을 수 있지."

"요즘 사람들이 명상 명상하는 이유가 있군요. 전 명상이 불교라 생각해서 왠지 불교가 아닌 사람들은 하면 안 되나 하는 생각을 했는데.”

“명상은 종교와는 전혀 상관이 없어. 명상은 자신을 만나고 자신을 알고 자신을 다스리는 방법이야. 어떤 종교라도 이러한 몰입은 큰 의미가 있어. 모든 종교에서는 기도하게 되는데 기도할 때 명상과 비슷한 상태가 되지. 다 일맥상통이야.”

호흡으로 자신의 마음을 진정시켰다는 생각이 들면, 다음으로 '나를 돌아보기'를 통해 내가 무엇을 옳다고 생각하는지, 틀렸다고 생각하는지 돌아보라고 했다. 대화할 때 충돌이 나거나 관계가 꼬이는 경우의 대부분은 내가 옳다고 생각하는 것을 인정받고 싶거나 관철하고 싶은 마음에서 출발하기 때문인데, 내가 옳다고 마음먹는 순간 '상대방은 틀렸다'는 흑백논리가 생겨버린다. 어떻게 보느냐에 따라 답이 하나만 있는 것은 아니기에 '틀렸다'는 마음이 아닌 '다르다'고 하는 마음으로의 전환이 중요하다고 했다.

“다르다… 그렇군요. 그저 다른 것이지 틀린 것이 아니네요. 내 생각이 옳다가 아니라 상대방과 다른 생각이고, 나에게는 옳을 수 있지만 상대방에게는 아닐 수도 있다는 것이군요. 질문이 이렇게 대화나 관계에서 중요한지 몰랐습니다. 이제 대화할 때 질문에 대해서 정말 많이 생각해봐야겠네요. 연습도 열심히 하고요.”

"그래. 이제 강 이사와도 방법을 한번 잘 찾아봐."

"쉽진 않겠지만 일단 나부터 한번 돌아보겠습니다."

유 팀장은 강 이사와의 관계에 대해서 과연 내가 무엇이 못마땅했는지, 무엇이 잘못되었다고 생각했던 건지 그동안 있었던 일들을 뒤돌아보았다. 공원에는 어느덧 해가 저물고 어둠이 내려앉았다. 어두운 거리를 비춰주는 가로등과 반짝이는 도심의 야경을 바라보면서 유 팀장은 깊은 생각에 빠졌다.

"관계술의 세 번째 비밀 : 연결"

관계의 연결이 이루어질 때 중요한 것 – 타이밍

– 관계의 연결에 때를 아는 것이 중요하다.

– 상대방의 마음이 열렸을 때 연결될 수 있다.

– 경청 또한 때를 기다리는 마음에서 나온 것이다.

관계의 연결을 이뤄주는 마법 주문 – 인사

– 관계술의 강력한 마법주문: '감사합니다.' '사랑합니다.' '미안합니다.'

- 주문에는 믿음과 확신, 마음이 담겨야 한다.
- 마법 주문을 많이 사용할 수록 살기 좋은 세상이 된다.

연결의 첫 번째 행동 - 질문 스킬

- 무한한 답이 나올 수 있는 열린 질문을 하라.
- 나의 의도를 질문에 넣지 마라.
- 나의 역량을 뽐내는 것이 아닌 상대방의 역량을 키워주는 것
이 좋은 질문이다.

이 제 부 터 당 신 도 W I N W I N 하 라 !

4

서로 원하는 불씨를 맞춰라 : Wants

다른 사람에게 바라는 일을
내가 먼저 그에게 베풀어라.

- 공자 -

관계술의 네 번째 비밀 '원하는 것' 편을 들어가기 전에

사람들은 모두 원하는 것들이 있습니다. 심지어 동물들도 생존 본능에 의해서 원하는 게 있습니다. 사실 이 우주는 원하는 것들로 가득 차 있습니다. 원하는 것이 없는 사람은 없습니다. 종교에 귀의하거나 무소유 같은 수도승의 삶을 사시는 그분들도 사실은 원하는 게 있습니다. 어쩌면 더욱 절실하게 원하는 게 있습니다. 그분들은 물욕이 없는 것이지 깨달음을 얻어야겠다는 소원이나 하나님의 말씀을 널리 알리겠다는 간절한 소원을 세우신 분들입니다. 이렇듯 이 세상 사람들이 원하는 것들이 없

다면 살아갈 이유가 없거나 못 살게 됩니다. 그래서 이 세상은 서로가 원하는 것들로 연결되어 있고 그 원하는 것의 차이로 인해 모든 분쟁과 문제가 생깁니다. 나라 간의 전쟁이 발생하고, 사회에서 경쟁이 생기고, 심지어 친한 사람들 사이에서도 원하는 것이 서로 달라 말다툼이 일어납니다. 온라인상에서도 타인의 행동이 자신이 생각하는 것과 다르다고 폭언을 하는 사람도 있고, 자신이 원하는 대로 움직여주지 않거나 생각하지 않는 사람들을 비난하거나 공공연히 매도하기도 합니다.

이 모든 분쟁의 시작은 서로 원하는 것이 다르기 때문인데, '다르다'고 인식하지 못하고 '틀렸다'고 인식하니까, 상대방을 적으로 생각하게 되어서 그렇습니다. 상대방이 원하는 것을 알기 위해 노력하고 내가 원하는 것을 알려주는 것도 노력해야 이러한 다름의 차이를 극복해 나갈 수 있습니다. 원하는 것이 다른 것은 당연한 일이지만 그것을 이해하고 생각

에 대한 차이를 줄여가는 노력과 지혜가 필요합니다. 그러한 생각에 대한 차이가 극복되면서 서로에 대한 관계는 점점 개선됩니다.

어떻게 하면 서로가 원하는 것을 이해하고 서로 소통하면서 그 차이를 틀림이 아닌 다름으로 인식해나갈 수 있는지 그리고 관계 속에서 이 원함이 어떻게 서로 소통되는지 이번 '관계는 원하는 것이다' 편을 통해 살펴보세요.

상대방에게 원하는 것을 줘라

관계술사는 유 팀장에게 질문을 하면서 이야기를 시작했다.

"질문을 통해 서로가 생각하는 것에 대해서 알아간다고 했는데, 우리는 어떤 생각을 알아야 좋은 관계가 만들어질까?"

"음… 아마도 그건 서로가 관심을 가질 만한 내용을 말하는 것 아닐까요?"

"그렇지! 자기가 관심 있는 이야기를 해줘야 듣고 싶어지겠지? 그럼 관계를 맺을 때 상대방이 내 말에 가장 귀를 기울이거나 관심을 가질 때는 언제일까?"

"그건 자기가 원하는 것이나 듣고 싶은 것이나 호기심이 생기거나 할 때 아닐까요?"

"바로 그거야! 서로 원하는 것! 이것이 바로 관계술의 네 번째 비밀이야."

관계술사는 이번에도 종이에 글자를 적어서 보여주었다.

Wants

상대방이 원하는 것을 알아차리거나 상대방의 마음을 잘 알기 위해서는 호기심이나 경청 그리고 올바른 질문을 잘해야 한다. 무엇하나 동떨어지지 않는데 그것이 바로 관계의 핵심이 연결성이나 관계성인 이유이다.

"자~ 원츠(Wants)에서 살펴볼 것이 있는데, 질문을 또 하나 해볼까? 자네는 니즈(Needs)와 원츠(Wants)의 차이를 알겠나?"

"음… 니즈는… 필요한 것… 원츠는… 원하는 것? 이렇게 봐도 될까요?"

"그럼 원하는 것과 필요한 것의 차이는 무엇이라고 생각하나?"

"필요한 것과 원하는 것… 음… 비슷하네요… 같은 말 아닌가요?"

"사람들이 이것에 대해서 구분이 잘 안 되니까 대체로 혼동해서 사용해버리거든. 음… 그럼 이렇게 한번 생각해볼까? '나는 지금 무척 배가 고프다.' 이건 니즈일까? 원츠일까?"

"배가 고프다는 것은 음… 그냥 필링이나 감정인 것 같은데요? 그건 원하는 건 아닌 것 같고… 그럼 니즈인가요?"

"오~ 잘 알아차렸군. 그렇지. '배가 고프다.'라는 것은 필요성 또는 욕구를 느꼈다고도 볼 수 있겠지? 그래서 더 들어가면 이건 아직 무언가 원하는 것은 모르는 상태야. 원초적인 욕구만 느끼고 있다고 생각하면 쉬워. 욕구나 필요성이라고 하는 건 뭔가 부족한 것을 느끼는 감정이지. 그리고 그런 욕구를 느끼면 생각나는 것이 바로 필요한 것을 충족시켜줄 수 있는 '원한다'는 감정이야."

"아하, 그럼 니즈가 원츠의 앞에서 욕구를 느끼는 감정이 되겠군요."

배가 고픈 니즈를 느끼게 되면 바로 또 올라오는 생각이 '먹고 싶다'는 마음이고, 그 '먹고 싶다'는 마음이 바로 원츠이다. 그래서 원츠는 뭔가 충족시키기 위한 수단과도 비슷하다고 했다. 니즈와 원츠를 잘 구분해서 살펴보면 아무래도 상대방의 마음을 더 잘 알 수 있게 되고, 그 사람을 더 만족시켜줄 수 있게 된다. 결국 '원츠는 필요성에서 나온다.'라고 할 수 있고, 필요와 원하는 것을 구분하면 그 사람이 무엇이 필요한지 그래서 무엇을 원하는지 살펴볼 수 있다. 그래서 상대방이 무엇을 필요로 하는지 알면 원하는 것이 무엇인지 알게 되고 또 원하는 게 무엇인지 알게 되면 무엇이 필요한 사람인지도 알게 되는 것이다.

"그럼 '상대방이 원하는 것을 알게 되면 무엇이 좋은가?'라는 생각도 해 볼 수 있겠지? 예를 들어 오렌지를 먹고 싶다고 생각하고 있었는데 상대방이 오렌지를 주면 기분이 어떨까?"

"완전 행운을 얻은 느낌? 원하는 게 하늘에서 딱 떨어진 느낌? 그냥 기분이 좋을 것 같아요."

"그러니 특히 관계에서 원하는 것을 아는 것은 정말 중요한 것이라고 볼 수 있어. 관계에서 상대방의 마음을 알고, 열고, 연결되고 하는 것들이 제일 핵심이니까, 결국 '원하는 것을 알아야 통한다.'라는 것을 의미하기도 하지."

관계가 좋지 않은 것은 여러 이유가 있겠지만 가장 근본적인 것은 서로 원하는 것이 맞지 않기 때문에 일어나는 일이다. 원하는 것을 다 주기는 쉽지 않지만, 원하는 것을 알아차리고, 그것을 알아주고, 그것을 주기 위해 노력하는 모습을 보여주면 상대방이 그러한 내 노력을 알게 되기 때문에 마치 준 것과 같은 효과를 얻을 수도 있다. 그렇게 노력하는 모습만 보여줘도 상대방은 마음을 열고 신뢰하게 되기 때문이다.

"그렇다면 원하는 것이 아니라 필요한 것을 아는 것은 무엇이 좋은가요?"

"필요한 것을 알게 되면 원하는 것보다 더 많은 것을 줄 수 있게 되지. 예를 들어 '상큼한 것이 필요하다.'라는 것을 알게 되면 레몬부터 오렌지, 귤, 사과 등등 여러 가지 것들을 줄 수 있지. 그중에 상대방이 원하는 것을 고르도록 도와줄 수도 있고."

"필요는 원하는 것의 근본적인 것들을 알 수 있게 하는군요?"

"필요한 것의 예로 '상큼한 게 왜 필요할까?'라고 생각해보면 '느끼한 것을 먹어서?', '기분을 전환하고 싶어서?', '방금 텔레비전에서 상큼한 걸 먹는 것을 봐서?' 등등 이렇게 더 깊이 그 사람의 마음에 접근할 수도 있게 되지. 그리고 단순하게 원하는 것을 주는 것에 멈추지 말고 그 사람이 필요로 하는 것까지 봐주면 근본적인 것까지 도와줄 수 있어. 성공적인 인간관계라는 것이 이렇게 원하는 것을 잘 얻어내는 법을 아는 것이지. 상대방이 원하는 것을 주는 법을 배우는 것이 바로 관계술이야."

상대방이 원하는 것을 아는 것, 그리고 내가 원하는 것을 잘 알려주는 것도 중요하지만 그보다 더 기본적으로 내가 원하는 것을 잘 요청하는 것도 중요하다. 자신은 원하는 것을 잘 알지만, 상대방은 알기 쉽지 않으니까 내가 잘 알려주는 것도 좋은 관계를 더 쉽게 만들어낼 수도 있는 방법이라고 했다. 그런데 나만 너무 요청하고 원하는 것을 말하면 상대방은 또 나를 멀리하게 될 수도 있어서 상대방이 원하는 것을 알기 위해 먼저 노력하는 자세도 중요하다.

"그런데 상대방이 알려주지 않을 때 스스로는 어떻게 알아낼 수 있을까요?"

"그것도 사실은 이미 배운 것에 있어. 바로 경청이지. 사실 경청도 단순히 귀로만 듣는 게 아니라 결국 눈으로 듣고 냄새로도 듣고 감촉으로 듣고 감으로도 듣는 것이 바로 깊은 경청이거든."

"그 사람을 느끼기 위해 온전히 힘을 다한다는 생각이 드네요. 들어가는 에너지가 장난 아닐 것 같은데요?"

"그러니 관계를 맺는다는 것은 그 사람에 대해서 정말 집중하고 집중해야 되는 거야."

원하는 것을 알아내기 위해 노력하는 것이 바로 관계법이고, 결국 사람이 관계를 맺는 이유는 인간관계를 통해서 무언가를 얻어내고자 하는 마음이 있기 때문이다. 하지만 무언가를 얻고자 하는 마음이 너무 앞서서 관계를 망칠 수도 있기에 이때 주의해야 하는 것이 바로 서로의 '입장'이라고 하는 부분이다. 무엇인가 얻어내고자 할 때 취하는 '입장'으로는 보통 강요하거나 구걸하거나 대등한 위치가 있는데, 이 3가지 입장에서 우리는 서로가 원하는 것을 주고받게 된다. '입장'이라고 하는 건 원하는 것을 얻기 위해 상대방에게 표현하는 방법이라고도 볼 수 있는데, '입장'을 조금 더 살펴보면 첫 번째, 어떤 사람은 자기가 원하는 것을 얻기 위해 강요해서 받아내는 강압적인 입장을 표현하는 것이다. 이때는 내가 상대방보다 높은 위치니까 가능하고, 내가 낮은 위치에서는 가진 게 없으니 구걸하게 된다. 그런데 가진 것이 없지 않은데도 구걸하는 사람도 있는데, 그런 사람들은 '밉상'이 된다고 했다.

성공한 사람들의 특징, '기버(giver)'

"자~ 그럼 위치가 높거나 낮지도 않은 평등하고 대등한 관계에서 원하는 것을 주고받는 경우를 한번 볼까? 이럴 때는 주고받는 것을 기브앤테이크(Give and Take) 또는 테이크앤기브라고 할 수 있는 거야."

"기브앤테이크는 정말 많이 들어본 이야기인데요? 주고받는 거잖아요. 세상을 잘 살려면 기브앤테이크를 잘해야죠."

"그런데 과연 이 기브앤테이크가 성공하는 방법일까?"

이 세상에는 주고받는 관점에서 3가지 부류의 사람들이 있는데, 주는 사람을 '기버(giver)'라고 하고, 받는 사람은 '테이커(taker)', 그리고 주고

받는 사람을 '매쳐(matcher)'라고 한다. 성공하려면 일단 뭔가 부를 많이 쌓아야 하니까 '테이커(taker)'가 가장 성공한 사람이라고 생각할 수 있지만, 성공한 사람들을 대상으로 조사를 해보았더니 대부분은 '기버(giver)'였다고 한다.

"받는 것이 없는데 어떻게 주는 사람이 성공하죠?"

사람들이 오렌지를 원할 때 오렌지를 주면 완전 기분이 좋아지기 때문에 오렌지를 준 사람을 도와주고 싶은 마음이 들게 되고 잘해주고 싶은 마음이 든다고 했다. 그래서 기버는 상대방에게 호의를 받게 되고 성공을 이룰 수 있다는 것이다.

"이런 관점도 한번 생각해볼까? 성공을 하려면 돈을 많이 벌어야 할 텐데 그 돈은 어디서 생길까?"
"직장인들은 회사가 주거나 사업하는 사람들은 고객들이 주겠죠?"
"그렇지. 그런데 회사가 돈이 없거나 고객들이 돈이 없다면 내가 돈을 벌 수가 없게 되지 않겠나?"

관계술사는 회사나 고객들이 나에게 돈을 줄 수 있을 만큼 먼저 성공해야 된다고 했다. 그래서 내가 가장 빠르게 성공하는 방법은 '주위의 사람들이 성공하도록 도와주는 것'이다. 그렇기 때문에 기버가 성공하는 확률이 높아지는 것이고 성공한 사람 중에서도 기버가 많다고 했다. 그리고 성공하는 사람들 순서로 제일 위가 기버이고, 그 밑이 테이커이고, 그 밑이 매쳐 순으로 확률이 정해진다.

"그런데 왜 '매쳐(matcher)'가 3번째인가 하는 의문이 들지 않나?"

"그러게요? 잘 주고받는 사람은 평판이 좋지 않나요? 받은 만큼 돌려주거나 준 만큼만 받으니까 합리적이기도 하니 많이들 도와주지 않을까요?"

"바로 그 점이 생각해볼 점이지. '매쳐(matcher)'가 세 번째인 이유는 매쳐는 결국 받은 만큼 주거나 준 만큼 받으려고 하기 때문이야. 그래서 그런 이해관계가 맞지 않으면 관계를 맺지 않게 되니까 성과가 제일 적게 되는 거지. 그런데 여기서 아주 재미있는 게 있어. 사실 매쳐 밑에 최하의 성과를 내는 역할이 하나 더 있지."

"매쳐 밑에 하나가 더 있다고요? 부류가 3가지라고 하셨는데 하나가 더 있는 건가요?"

"3가지 부류만 있는 게 맞아. 그 최하는 바로 또 '기버(giver)'일세."

"네? '기버(giver)'가 제일 성공하는 사람들이라면서요?"

"맞아. 그런데 최하에 있는 기버는 다른 말로 '호구'라고 하지."

"아하! 아무 생각 없이 주기만 하고 이용당하는 사람들을 의미하는군요."

관계술사는 그래서 기버도 사람들에게 이용당하지 않게 생각이 있는 기버가 되어야 성공할 수 있다고 했다. 그리고 스스로 자신은 어떤 사람인지도 살펴보라고 했다. 보통 사람들은 '왜 내가 이런 대접을 받아야 하지?', '이렇게 열심히 일하는데 왜 사람들은 알아주지 않지?'라고 자신만 생각하는 경우가 많다고 했다.

유 팀장은 최 대리와 강 이사의 일을 떠올리며 '뭔가 그들이 자신에게 맞춰주지 않거나 알아주지 않는다고 불만을 느꼈구나.' 하는 생각이 들었다. 이렇게 생각하니까 강 이사나 최 대리와의 관계에 뭔가 실마리가 잡히는 것 같았다.

"그럼… 내가 그들에게 먼저 뭔가를 주어야 할까요?"

"오~ 아주 크게 깨달은 것 같은데? 관계에 있어서 원하는 것을 아는 것이 왜 중요한지 알았으니 원하는 것을 어떻게 요청하고 주고받는지를 안다면 관계가 좋아질 수밖에 없겠지?"

"그렇네요. 원하는 것을 주고받는 관계… 그게 관계술의 4번째 비밀이군요. '원한다'라고 하는 것에 대해 생각해보니 관계의 본질이 이해됩니다."

"그래서 관계는 서로에게 좋은 것, 서로가 원하는 것을 주고받는 관계를 추구해야 하는 거야."

"관계술의 네 번째 비밀 : 원하는 것"

니즈(Needs)와 원츠(Wants)의 차이

- 원초적인 욕구는 니즈(Needs), 필요한 것을 충족시키기 위한

원츠(Wants)

- 니즈와 원츠를 잘 구분해서 살펴보면 상대방의 마음을 잘 알 수 있다.

- 서로 원하는 것이 맞지 않을 때 관계에 균열이 생긴다.

상대방이 원하는 것을 주는 법, 관계술

- 원하는 것을 알아내기 위해 노력하는 것이 관계법이다.

- 성공적인 인간관계는 내가 원하는 것도 잘 얻어낼 수 있어야 한다.
- 원하는 것을 주고 받기 위해서는 서로의 입장을 항상 주의깊게 생각해야 한다.

기버(giver), 테이커(taker), 매쳐(matcher)

- 주는 사람 기버(giver), 받는 사람 테이커(taker), 주고받는 사람 매쳐(matcher)
- 성공한 사람들은 대부분 기버(giver)였다.
- 가장 빠르게 성공하는 방법은 '주위 사람들이 성공하도록 도와주는 것'이다.

- -

- -

- -

이 제 부 터   당 신 도   W I N W I N 하 라 !

5

불빛으로 더 깊게, 더 멀리 내다보라 : Insight

세상에 나쁜 날씨란 없다.
서로 다른 종류의 좋은 날씨만 있을 뿐.

- 존 러스킨 -

관계술의 다섯 번째 비밀 '성찰' 편을 들어가기 전에

세상을 살아가다 보면 내 마음처럼 생각하거나 움직여주는 사람은 좀처럼 만나기가 힘듭니다. 그래서 남을 바꿔보려고 하지만 남을 바꾸기는 무척이나 더 어려운 일입니다. 그래서 남을 바꾸기보다 나를 바꾸는 것이 세상을 다르게 살아가는 가장 빠른 방법입니다. 하지만 나를 바꾼다고 하는 것이 말은 쉽지만 내 생각 하나 바꾸는 것이 얼마나 힘이 들고 어려운지 잘 알고 계시리라 생각합니다.

아침에 침대에서 나오는 일 하나에도 정신적으로 많은 에너지를 사용하는 사람도 있고 결국 침대에서 나오지 못하는 사람도 있습니다. 그저 침대에서 일 미터 앞으로 나오는 것이 그렇게 힘이 든다고 평소에는 생각도 할 수 없습니다. 평소에 일 미터야 한 걸음에 움직이니까요. 그렇듯 생각을 어떻게 하는가에 따라 그 쉬운 일도 너무 어려운 일이 됩니다.

많은 사람이 자기 자신을 바꾸기 위해서 부단히 노력합니다. 특히 새해 첫날에는 모든 사람이 새로운 각오를 다지면서 '올해는 한번 제대로 바꿔보겠어! 올해는 확실히 달라질 거야!'라고 말하며 의지를 불태웁니다. 하지만 작심삼일이라는 말이 괜히 나온 것이 아닙니다. 어떤 사람들은 작심삼일을 아예 인정하고 3일마다 한 번씩 계획을 세우고 실천하면 된다며 의기양양하게 말하기도 합니다. 하지만 결국 중요한 건 자신을 이겨내는 것입니다.

나를 바꾸기 위해서는 나를 잘 알아야 하고 내부적인 성찰이 일어나서 내가 생각하는 관점이 바뀌어야 합니다. 하지만 관점을 바꾸기 위해서는 기존에 가진 습관이나 편견을 바꿀 수 있을 만큼의 엄청난 에너지가 필요합니다. 그래서 수도하는 사람들이 세속을 버리고 오로지 자신을 찾기 위해 매일 정진하고 기도하면서 힘든 과정을 반복해나갑니다.

이처럼 결국 성찰은 곧 깨달음과 같습니다. 무엇을 안다는 것. 혹은 무엇을 모른다는 것 그리고 그 실체를 본다는 것. 실체를 보지 못함을 아는 것. 그것이 바로 깨달음입니다. 많은 사람이 자신의 잣대와 편견을 진실이라고 생각하고 그 테두리에서 벗어나는 것을 힘들어하거나 부정합니다. 스스로 그 테두리 안에 있다는 것도 깨닫지 못합니다. '플라톤의 동굴'에서 사람들은 동굴 밖에서 진실을 보고 온 사람의 말을 믿지 못합니다. 오히려 진실을 보고 온 사람을 미치광이라고 매도합니다.

이 이야기를 보고 우리는 지금 진실을 보고 온 사람들을 미치광이라고 손가락질하는 대중이 아닌지 생각해보아야 합니다. 진실이라고 믿는 것들이 사실 알고 보니 겨우 동굴 벽면에 비친 그림자였다는 것과 그리고 심지어 그 벽을 비추는 빛조차 모닥불이라는 것을 알아야 합니다. 진실은 동굴 밖에 환하게 빛나는 태양이라는 사실을 깨닫고 지금 자신을 묶고 있는 사슬을 끊어내야 합니다. 그것이 바로 우리의 관점을 전환하는 것입니다.

성찰은 관점을 변하게 하거나 다르게 보게 합니다. 끊임없는 자기 질문과 자기 성찰을 통해 우리는 관점을 변화시킬 수 있습니다. 이번 관계술 다섯 번째의 비밀 '성찰' 편에서 여러분들의 관점이 바뀔 수 있기를 응원합니다.

숨겨진 힌트를 찾을 수 있는 특별한 기술

여전히 관계로 인해 힘들어하는 유 팀장에게 관계술사는 살아갈 때 도움 되는 것들, 바로 '힌트'가 우리 주변에 아주 많이 널려 있다고 했다.

"신의 계시가 '힌트'이고 그 치트키 같은 '힌트'가 우리 주위에 엄청 많이 있다는 말인가요?"

"그렇지! 넘치고 넘쳐! 너무너무 감사한 일이지."

"전 한 번도 그런 생각한 적이 없었는데… 그 넘치는 '힌트'가 저는 왜 안 보이죠?"

"힌트를 볼 줄 아는 방법을 알아야지."

"힌트를 보기 위해서는 어떤 특별한 기술이 필요하다는 건가요?"

"그래, 힌트를 보기 위해서는 특별한 기술이 필요하지! 그게 바로 '관점'이라는 것이야."

"관점이라고 하시니까 왠지… 관계술의 비밀 냄새가 나는데요?"

"눈치는 정말 빠른데 '힌트'를 보지 못하다니 참으로 안타깝군. 네 녀석이 때려 맞춘 것처럼 '관점을 전환시키는 것'이 바로 관계술의 다섯 번째 비밀의 핵심이야."

관계술사는 관계술의 비밀을 또 쪽지에 적어서 보여주었다.

Insight

"관점을 바꾸는 것을 '성찰'이라고 하지. 정확하게는 이 '성찰'이 관계술의 다섯 번째 비밀이야."

유 팀장은 성찰은 뭔가 깨달음을 얻어야 하는데 번잡한 도시 생활 속에서 그게 가능할까 하는 의문이 들었다. 그래서 성찰하려면 어디 산속 깊숙한 곳으로 가야 되는 것 아닌가 생각했다.

하지만 관계술사는 성찰이 도 닦으러 가는 것도 아니고 그처럼 조용한 곳에 가야 성찰이 되는 것도 아니라고 했다.

"정말 그게 가능한가요?"
"이런~ 너처럼 고정 관념이 강한 놈은 정말 처음이다. 뭐가 안 되거나 의심이 많아? 된다고 생각해보란 말이야. 그게 관점 전환이니까."
"그래도 관점을 바꾼다고 하는 게 말은 쉽지만 그게 어디 한 번에 바뀔까요? 전 도통 상상이 안 됩니다."
"이것 봐! 이것 봐! 이처럼 안 된다는 프레임에 갇혀서 힘들다는 말만 늘어놓고 있으니 될 것도 안 되겠다."

'끙… 뭐라고 대들지를 못 하겠네… 그냥 일단 넘어가자. 더 혼날 것 같으니까.'

관계술사는 프레임에서 벗어나는 방법이 엄청 어려운 도술을 익히는 게 아니라고 했다.

"자~ 성찰은 관점을 바꾸는 것이라고 했지? 그럼 관점은 언제 바뀔까?"

"아마도 어마어마한 충격을 받으면 되지 않을까요? 자기가 평생 살아온 관점이 바뀌는 일인데?"

"그럼 어마어마한 충격이 온다면 정신이 멀쩡할까? 몸도 마음도 다 완전 녹초가 되어버릴 것 같은데?"

관계술사는 관점을 바꾸는 것이 사실 세수하다가 코를 만지는 것보다 쉽다고 했다. 세수하면서 코가 저절로 만져지는 것처럼 그저 생각 하나 바꾸는 일이니까 쉽다고 할 수 있다.

하지만 쉽다고 마음먹지 않으면 결국 관점 전환은 일어나지 않는다고 했다. 어렵다는 생각에서 쉽다는 생각으로 바꾸는 것부터가 관점 전환이고, 그렇게 관점이 바뀌면 관점을 바꾸는 스위치 켜는 법을 알게 된 것이니까 다음부터는 너무 쉬운 일이라고 했다. 그러니 관점이 바뀌는 때는 바로 내가 바뀌어야 한다는 강한 마음이 일어날 때라고 할 수 있다.

관계술사는 평소에 사람들이 항상 변했으면 좋겠다고 생각은 많이 하는데, 그게 잘 안 되는 것은 자신의 마음을 일으키지 못하고 단순히 생각만 해서 그렇다고 했다.

마음이 일어나지 않은 단순한 생각은 곧 사라져버리고 말기 때문인데 해마다 연초에 그런 무수한 계획들을 세우지만, 곧 포기해버리고 마는 것과 같다고 했다. 그래서 진심 어리고 절실한 마음을 일으키려면 강한 의지가 필요하다.

진심 어리지 않거나 절실하지 않은 것은 막연하게 생각한다는 것이고, 물이 흘러가듯이 그 순간에는 반짝하고 의지가 올랐지만, 장기적으로 넘어가지 못하고 불꽃처럼 곧 사라져버린다고 했다. 하지만 꼭 해내고 말겠다는 의지, 어쩌면 죽음까지 생각하는 절실한 진심이 담기면 그것에는 의미가 생기는데, 의미는 곧 힘을 가지게 되고 그 힘은 우리의 마음을 움직이게 한다.

마음을 움직이는 것이 결국 관점을 바꾸기 위한 시작이고 말 그대로 마음이 움직이니까 변화가 시작된다. 단순히 생각만으로는 움직이지 않기에 마음이 움직여야 그게 마음을 일으키는 것이라고 했다.

힌트는 나를 변화시킬 수 있는 기회이다

"마음을 움직이려면 그래도 뭔가 계기가 필요하지 않을까요? 마음이 움직이는 때가 관점이 바뀌는 때라면 마음이 움직일 만한 이유가 필요할 것 같은데, 그런 계기는 어떻게 만들어지는 건가요?"

"그래서 우리 주위에는 '힌트'가 가득하다는 거야. 온통 우리 주위에는 그런 계기들로 가득하거든. 그래서 그런 시각을 가지게 되면 이 세상이 반짝이기 시작하지. 마치 금가루를 잔뜩 뿌려놓은 것처럼 말이야. 자네는 혹시 사람 주위가 이상하리 만큼 환하게 빛난다거나 다르게 보인다고 느낀 적이 없나?"

"음… 제 와이프를 처음 본 순간 그런 걸 느꼈죠. 머리 뒤에 광채가 나더라니까요? 깜짝 놀랐습니다. 온 세상의 빛이 사라지고 와이프에게만 스포트라이트가 비치는 것처럼요. 첫눈에 반했죠. '아~ 이 여자구나….' 하는 그런 느낌이 들었어요."

"첫눈에 반한 그 느낌! 바로 그 순간이지! '힌트'라고 하는 것을 느끼는 순간이!"

"오~ 그런 느낌이군요? 마치 어릴 적 학교에서 소풍 가면 여기저기에 숨겨져 있는 보물찾기 같은 느낌인데요? 숨겨진 것을 딱 찾았을 때 그 희열이 생각나네요. 엔돌핀이 확 올라오는 느낌이었는데."

"힌트를 찾았을 때도 바로 그런 느낌이 들지. 에너지가 확 올라가는 느낌이 오거든. 힌트들을 찾는 게 익숙해지면 그때는 힌트 근처만 가도 뭔가 에너지가 올라가는 게 느껴지지. 마치 금속 탐지기처럼 말이야."

관계술사는 그 '힌트'라고 하는 것이 주위의 사건 사고 등으로 나타난다고 했다. 강력한 힌트일수록 더 강력한 사건이나 문제로 나타나게 되고, 이처럼 평소와는 다른 일이 일어난 것은 우리에게 뭔가 알려주기 위해서 일어난 일이라고 했다.

"오~마이~갓! 세상에… 이 모든 일이 저를 위해 일어난 일이라는 건가요? 정말로?"

"자~ 중요한 이야기이니까 잘 들어봐. 처음에 회사 문제로 변하고 싶다고 마음먹었던 것이 생각나?"

"그때는 정말 계속 뭔가 뒤쳐지는 느낌. 성장하지 못하는 느낌. 사람들에게 패배자로, 낙오자로 보이는 느낌이 들었었죠. 그래서 정말 벗어나고 싶었어요. 다시 예전처럼 정열적이고 신나게 일하던 옛날로 돌아가고 싶은 생각이 들었죠. 사람들하고 관계도 잘 회복하고 싶었고."

"그래, 그렇게 자네는 절실하게 생각했어. 그리고 간절히 변하게 해달라고 빌었지. 그럼 한번 깊게 생각해봐. 우주가 '이제 유건우를 바꿔줘야겠다.'라고 생각하고, 마술지팡이를 몇 번 휘리릭 돌려서 변해라 뿅~ 하고 주문을 외우면 네 녀석이 갑자기 확 변할까?"

"그런 일은 절대로 없겠죠. 오히려 생각만 해도 뭔가 무서운데요."

"그래서 이 우주는 너에게 변할 수 있는 '기회'를 주는 거야."

유 팀장은 갑자기 벌떡 일어나면서 큰 소리로 외쳤다.

"그거군요! 내가 변하는 기회! 그래서 그런 사건들이 일어났군요! 최대리뿐만 아니라 김 부장이나 강 이사까지 모든 일이 그래서 생겼다니… 정말 오~마이~갓이네요."

"이제야 알아차렸군. 그래 그게 바로 '힌트'야. 결국 네 녀석이 성장하기 위해서 노력하는 계기가 되는 것들이지. 그 노력이 너를 바꾸게 하는 거야. 물론 그런 기회가 왔지만 아무런 노력을 하지 않으면 변화는 일어날 수 없었겠지. 그게 '힌트'인지 모르면 그렇게 되는 거야."

"정말 어마어마한 이야기네요. 내가 태어나서 지금까지 살아오면서 생긴 모든 문제가 결국 나를 변화시키기 위한 '힌트'였다는 거잖아요? 아… 소름!"

"이제 '힌트로 성찰하라'라는 의미를 좀 알겠나?"

유 팀장은 관계술사의 이야기를 듣고 잠시 멍한 느낌이 들었다.

한 번도 자신에게 생긴 문제를 자신을 위한 도움이라고 생각해본 적이 없었는데 그 모든 게 자신을 위한 '힌트'였다는 생각하니 뭔가 굉장한 걸 놓치고 있었다는 생각이 들었다. 마치 보물을 발견한 것 같은 설렘으로 가슴에 불씨가 생긴 것처럼 뜨겁게 뛰기 시작했다.

"관계술의 다섯 번째 비밀 : 성찰"

삶을 살아갈 때 도움이 되는 '힌트'

– 힌트는 우리 삶에 도움이 되는 신의 계시이자 치트키이다.

– 힌트를 찾을 수 있는 특별한 기술이 바로 성찰이다.

– 관점을 전환시키는 것이 성찰의 핵심이다.

마음을 움직이면 변화가 시작된다

- 사건이 일어나는 것은 우리에게 뭔가를 알려주기 위함이다.

- 우주는 당신에게 변할 수 있는 기회를 준다.

- 시련이 아닌 성장을 위해 노력하는 계기라고 생각하자.

이 제 부 터   당 신 도   W I N W I N 하 라 !

6

새로운 불씨를 퍼트려라 : New

사랑이란 서로 마주 보는 것이 아니라 함께 같은 방향을 바라보는 것이다.
인간은 상호관계로 묶어지는 매듭이요, 거미줄이며, 그물이다.

– 생텍쥐페리 –

관계술의 여섯 번째 비밀 '새로움' 편을 들어가기 전에

여러분, 혹시 열역학 제2법칙을 들어보셨나요? 열역학 제2법칙은 '엔
트로피(entropy)의 법칙'입니다. 엔트로피(entropy)는 불확실성 혹은 무
질서를 이야기합니다. 그래서 예측이 불가한 것을 의미하기도 합니다.
그래서 '엔트로피의 법칙'은 세상 모든 것은 그대로 놔두면 엔트로피, 즉
무질서로 돌아간다는 의미입니다. 그래서 무질서로 돌아가지 않으려면
결국 에너지라고 하는 것이 계속 더해져야 합니다. 쉽게 생각해보시면
책상 위의 여러 가지 물건이 처음에는 잘 정리되어 있지만 사용하다 보

면 곧 정신없이 흩어진 경험이 있으실 겁니다. 그때마다 다시 정리하는 일을 해주어야 다시 깔끔해집니다.

이처럼 엔트로피를 떨어뜨리는 것이 바로 정리 정돈입니다. 집도 사용하지 않거나 사람이 살지 않고 그냥 두면 낡아버리고 점점 헐어버리지만 아무리 오래된 집도 잘 관리하고 사람이 계속 사는 집은 그렇게 허물어지지 않습니다. 무언가 유지하고자 한다면 없어지지 않게 노력하는 행위를 통해 엔트로피를 막는 것이 정말 중요합니다.

우리가 지금 다루고 있는 관계에 있어서 이 엔트로피의 법칙이 그대로 적용이 됩니다. 관계는 관리되지 않거나 관심을 가지지 않게 되면 점점 사라지게 됩니다. 마치 기억이 사라지는 것처럼 말이죠. 한때 죽고 못 살 정도로 가까이 지냈던 사람들도 왕래가 소원해지고 연락이 뜸해지면 관계도 남처럼 멀어지게 됩니다. 그래서 우리는 관계를 유지하거나 더 좋게 만들기 위해 에너지를 사용해서 엔트로피 수치를 떨어트려야 합니다.

지금까지 관계에 대해서 여러 가지를 알아보면서 최종적으로 기존의 관계에 대한 관점까지 변화시켰다면 우리는 여기서 알게 된 사실을 '지식'이라고 부릅니다. 이러한 지식은 관계에 다시 '새롭게' 반영되어서 관계를 더욱 발전시켜 나가게 합니다. 즉 관계의 엔트로피를 떨어뜨리는 방법은 관계에 계속 에너지를 주는 행위 즉 관계에 대한 새로움을 반영하는 것이죠. 관계에 대해 관점을 바꾼 것이 바로 새로움이고 이러한 새로움을 관계에 잘 적용해 더 좋은 관계나 더 발전적인 관계를 만들어가는 것이 바로 관계술의 궁극적인 목표라고 할 수 있는 것입니다.

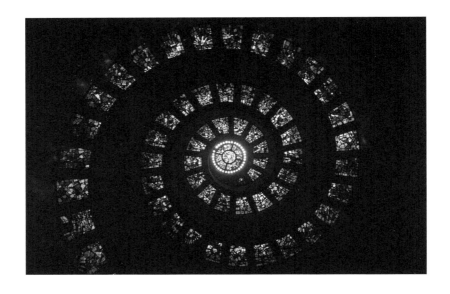

여러분, 이제 관계술의 비밀의 마지막 단계 '새로움'에 도달하였습니다. '새로움'은 새롭게 태어나는 것처럼 우리에게 탁해진 에너지를 몰아내고 신선한 에너지로 바꿔 우리가 살아 있음을 의미합니다. 여러분의 삶도 이렇게 새로움을 통해 엔트로피를 떨어뜨린다면 더욱 굳건하게 유

지되고 발전하리라 생각이 듭니다. 그렇게 계속 발전한다면 여러분의 관계는 더욱 빛나게 될 것입니다.

이제 지난 시간에 배우고 익힌 관계의 비밀이 이러한 새로움이라는 과정을 통해 다시 반복되어 하나의 루틴이 만들어지게 됩니다. 호기심을 가지고 즐거움을 찾고 연결되고 원하는 것을 알게 되고 성찰이 되면 새로움을 발견하게 되고 다시 호기심이 생기게 되는 것이죠. 이것을 저는 관계술의 비밀 '윈윈(WINWIN) 법칙'이라고 합니다. 관계는 이 상생의 법칙을 통해 성장하게 됩니다. 처음을 다시 이어주는 관계의 '새로움'을 같이 알아봅시다.

관계 에피소드 4 - 전화위복(轉禍爲福)

"아니! 이거 너무 한 것 아닙니까? 이런 중대한 것을…."
"김 부장님의 유언이었다고 하네요. 다들 몰랐으면 했다고…."

회사 사무실은 김 부장의 갑작스런 부고로 침울했다. 지방으로 발령이 난 것이 아니라 암 투병으로 회사를 그만둔 것이라고 했다. 그런 사실을 뒤늦게 안 유 팀장과 최 대리는 속이 상했다.

"김 부장님과 많이 소통하지 못해서 너무 후회되는데, 최 대리하고는 그렇지 않게 이제 많이 소통하자는 생각이 들었어…. 지나서 생각해보니까 다 최 대리가 잘하려고 한 건데 하는 생각도 들고 그렇게 생각하니까 내가 좀 심했구나 싶기도 하고 말이야. 그러니 우리 서로 지난 것은 이야기하지 말고 앞으로 잘해보자. 최 대리, 그동안 속이 답답했지?"

"팀장님이 그렇게 말씀하시니 저도 속이 다 시원합니다. 정말 감사합니다."

하나를 잃으면 하나를 얻게 된다는 옛 어른들의 말이 떠올랐다. 모든 일은 겹쳐서 온다고 이어서 강 이사도 유 팀장을 찾았다.

"유 팀장, 잠시 이야기 좀 할까요?"

"네, 이사님."

"사실 이번 김 부장 일로 유 팀장과의 관계에 대해서 생각을 많이 하게 되었습니다. 뭔가 내가 놓치고 있는 것이 아닌가 해서요. 게다가 김 부장이 저에게 진심 어린 편지도 남겼는데 김 부장이 평소에 생각한 삶과 회사에 대한 애착을 느낄 수 있었습니다. 그 내용을 읽고 보니 저도 큰 깨달음을 얻었죠. 그리고 유 팀장에 관한 다른 견해도 가지게 되었습니다."

강 이사는 회사에서 열심히 하지 않는 유 팀장을 보면서 자신이 추구하는 모습과 너무 달라서 항상 밉게 보였다고 했다. 그런데 이번 안타까운 죽음으로 본인이 삶을 너무 즐기지 못하며 살고 있었구나 하는 생각이 들면서 유 팀장에 대한 관점이 달라졌다고 한다. 자신은 그렇게 즐기지 못하는 삶을 살면서 너무 힘든데 그렇지 않은 사람을 보니 질투심과 시기가 있었다는 것을 알게 되었다는 것이었다.

"그래서 생각이 바뀌니 제일 먼저 생각이 난 사람이 유 팀장이었습니다. 사과하고 싶었어요."

"이사님이 이렇게 허심탄회하게 말씀을 주시니 저도 너무 죄송한 마음이 듭니다. 정말 감사합니다. 속이 다 후련하네요. 저도 사실 너무 힘들었거든요. 위로 치이고 밑으로 치이고 중간에서 의욕도 자꾸 떨어지고 자존감도 떨어지다 보니 일에도 소홀하고 민감했던 것 같습니다."

"그래요. 이렇게 대화를 나눠보니 진즉에 할 걸 하는 생각이 드네요. 지금부터라도 한번 조금씩 서로에 대해서 알아봅시다. 저에게 농땡이 치는 법도 좀 알려주시고요. 하하하."

"저는 제대로 일하는 법을 좀 알려주십시오. 열심히 한번 해보겠습니다."

"열심히 하신다고 하는데 제가 두 팔 들어 대환영입니다."

이번에는 강 이사가 먼저 손을 내밀면서 악수를 청했다. 유 팀장은 그제야 기다렸다는 듯이 악수를 나눴다. 그 모습을 본 강 이사는 염화미소를 지었다.

관계술사는 원하는 것을 이룰 수 있는 소원에 관한 이야기를 시작했다.

"이렇게 너가 관계에 대해서 변화가 잘 일어난 것은 우주에 제대로 소원을 빌었다는 뜻이야. 제대로 소원했다는 것은 '안 좋은 일이 일어나면 어떡하지?' 하는 부정적인 마인드로 소원을 한 게 아니라 '어떻게 되었으면 좋겠다.'라는 긍정적인 마인드로 소원을 빌었기 때문에 '긍정적인 방향으로 일이 풀린다.'라는 뜻이고."

"긍정적인 마인드와 느낌으로 소원을 빌어야 한다. 오~ 이거 좀 확 와닿는데요?"

"혹시 인디언들이 기우제를 지낼 때 '비를 내려달라는 소원은 빌지 않는다.'라고 하는 이야기를 들어본 적이 있나?"

"아니? 기우제인데 비를 내려달라고 기도하지 않으면 무엇을 빈다는 거죠?"

"그렇지? 그런 생각이 나겠지. 그런데 인디언들의 기우제는 하늘에 원하는 것을 기도하는 식으로 하는 것이 아니라 다른 방법으로 지내지. 인디언들은 기우제를 위해서 일단 조용하게 자신에게 집중할 수 있는 공간이나 장소를 찾지. 보통은 신성한 곳이 부족마다 있어서 그런 곳을 간다고 하더군. 그리고 그 장소에 가면 일단 바닥에 앉아서 조용히 자신에게 집중하는 거야."

"어? 거의 명상하는 것과 비슷하네요?"

관계술사는 명상도 감각과 느낌에 집중하는 것이니까 그럴 수 있다고 했다. 인디언들은 그렇게 가만히 앉아서 자신에게 집중하다가 이윽고 때가 되었다 생각이 들면 그때부터 비가 오는 상상을 하는데, 온 대지에 비가 떨어지고 비가 흩뿌려지며 이 세상의 모든 것에 비가 부딪히며 흩어지는 것을 그려보고, 그 비가 피부에 떨어지는 느낌을, 그리고 빗물이 몸을 타고 내리는 느낌, 비에 적셔진 땅에서 올라오는 흙냄새, 비가 떨어질 때 나는 소리를 상상한다. 그렇게 생생하게 비 오는 모습을 계속 떠올리며, 마치 비가 온 것 같은 그 느낌을 오감으로 생생하게 떠올리는 것이 바로 인디언식 기도라고 했다. 이처럼 원하는 것을 생생히 그려보기가 아주 중요한 우주의 법칙이라며 강조했다.

"소원을 빌 때 생생하게 그려 보는 것 말고도 비밀이 하나 더 있지. 그것이 무엇이냐 하면 바로 '내려놓음' 혹은 '버리기'라는 것이야. 이 '버리기'에 대해서 이야기를 하기 전에 알아야 하는 것이 있는데 그것이 바로 관계술의 마지막 여섯 번째 비밀, '새로움(New)'이네."

관계술사는 이번에도 종이에 단어를 써 내려갔다.

New

"새로움이라고 하니 뭔가 기분이 리프레쉬 되고 업 되는 것 같습니다."

"이때까지 우리는 호기심, 즐거움, 연결, 원하는 것, 성찰 이렇게 5가지 비밀을 통해 관계의 기본적인 프로세스를 이야기했어. 이 관계의 비밀을 통해 기존의 관계는 더욱 달라지지. 즉 기존의 관계가 아니라 새로운 관계로 바뀌게 된다는 뜻이야. 결국 관계술의 핵심은 새로운 관계로 전환시키는 것이라고 할 수 있으니까."

"그럼 기존의 관계를 바꾸는 것 말고 새로운 관계를 맺을 때는 어떻게 되는 건가요? 바꿀 기존 관계라는 것 자체가 없는데…."

"아니, 새로운 관계에서도 바꿀 것이 있어! 그건 바로 관계에 대해 스스로 안목이나 기준을 바꾸는 것이야."

자신의 관점을 바꾸면 새롭게 만들 관계의 인연도 전과는 다른 관계로 이어진다. 그래서 '새롭게 바꾼다.'라고 하는 것은 기존에 가지고 있던 관점을 새롭게 바꿔 기존에 맺어진 관계를 새롭게 바꾸거나 새로 생기는 관계에 대한 관점을 바꾸는 것을 의미하는 것이다.

새로워지고 싶다면 과감하게 버려라

스스로의 안목이나 기준을 바꾸는 것이 '성찰'이고, 그러한 성찰의 결과는 결국 새로움이 된다. 우리가 관계술이라는 것을 통해 궁극적으로 원하는 것은 관계의 개선 혹은 관계의 변화이다.

그래서 이 새로움과 버리기의 관계를 보면, 첫 번째 '옛것은 버려야 새로워질 수 있다'는 것이다. 새로워지고 싶다면 기존의 것을 버려야 가능하다. 기존의 것을 유지하면서 새로워지는 것은 불가능하다. 콜라가 가득한 잔을 맹물로 채우고 싶다면 콜라를 전부 쏟아버려야 한다. 콜라에 아무리 물을 부어도 맹물이 되기는 쉽지 않으니까 말이다.

유 팀장은 왜 '버리기'가 강 이사와 최 대리와의 사이가 좋아지는 이유가 되는지 궁금했다.

"기존의 관계를 유지하면서 새롭게 무엇을 바꾸려고 했다면 그 관계는 풀 수가 없었지. 기존의 관계라고 하는 프레임이 쉽게 없어지는 것은 아니거든. 그런데 관계술을 통해 기존 관계에 관한 생각을 완전히 버렸기 때문에 새로운 관계가 될 수 있었다는 것이야."

"그 '버리기'라고 하는 것이 결국 기존의 생각이나 관점으로는 관계를 제대로 변화시키거나 바꿀 수는 없다는 뜻이군요."

"그것은 최 대리나 강 이사뿐만 아니라 김 부장과 자네 와이프와의 관계에서도 마찬가지이네. 자네는 관계술을 통해 기존의 관계에 관한 생각을 버리고 새로운 관계를 익힐 수 있었지. 그 결과가 지금의 관계로 나타났다고 볼 수 있고 말이야."

관계술사는 이 '버리기'를 잘하기 위해서 감정을 잘 분리할 줄 알아야 한다고 말했다. 감정이라는 것은 결국 관념과 현실의 갭에서 나오는 에너지 현상이라고 볼 수 있는데, 좋은 관계가 되고 싶은 마음과 실제로는 좋지 않은 관계와의 차이로 인해 불쾌함이나 화가 나거나, 걱정되거나, 불안하거나 하는 '감정'이 생긴다.

이러한 감정을 잘 분리하는 방법은 일단 '감정이 일어났다'는 것을 깨닫는 것이다. 화를 낸 뒤에 잠시 후 감정이 가라앉기 시작하면서 왜 그랬을까 후회하는 사람들이 많은데 그때 감정이 일어난 것을 깨닫는 것이라고 했다. 그래서 감정을 잘 분리한다는 의미는 감정이 일어났다는 것을 알아차리는 것과 같은 이야기이다.

"감정이 일어났다는 것을 알아차리는 것이 쉽지 않을 것 같은데요?"

"처음에는 쉽지 않지. 그래서 사람들이 자신을 돌아보는 명상이나 마음챙김 같은 것들을 훈련하는 거야. 이러한 감정을 알아차리는 노하우를 좀 알려주자면 '잠시 멈추는 것'이네. 자신의 생각을 멈추는 거야. 심호흡도 좋고 시선을 다른 곳으로 돌려서 먼 곳을 바라보는 것도 좋아. 그리고 '아… 내가 지금 화가 났구나. 짜증이 났구나.'처럼 일단 알아차려야 해. 그리고 '나는 이럴 때 화가 나는 사람이구나.' 하고 알면 되지. 그럼 '그 감정에서 벗어났다.'라고 봐도 되는 거야. 물론 그게 처음부터 쉽지 않지. 그래서 사람들이 그런 것들을 계속 수련하는 거야. 수련이 잘 된 사람은 감정을 잘 알아차리고 그렇지 않은 사람은 감정에 휩싸이고 말지. 감정에 너무 휩싸여서 지금 내가 어디에 있는지 뭘 하고 있는지 모르겠다는 생각이 든다면 바로 멈추는 연습을 하면 돼. 잠시 감정을 멈추면 감정이 보이고, 잠시 관계를 멈추면 관계가 보이지."

관계술사는 이렇게 관계를 멈추고 그것을 보는 과정이 바로 관계술이라고 했다. 그리고 관계에 대해서 아는 것도 중요하지만 지속적인 관계를 유지하기 위해서도 꼭 새로워지는 것이 중요하다고 말하면서, 기존의 관계를 유지만 하면 결국 무질서로 흩어지게 된다고 했다. 그래서 세상은 그냥 놔두면 자꾸 무질서로 돌아가려는 열역학 제2법칙 엔트로피의 법칙 때문에 계속 새로움이라는 에너지로 엔트로피를 낮춰주어야 관계가 결국 유지될 수 있다. 현상을 유지하기 위해서는 새로움의 에너지를 통해 엔트로피를 낮추는 것은 관계를 떠나 모든 것에 통용되는 중요한 법칙이라고 했다.

"인맥이 관계로 인해 계속 이어진다면 그것을 인맥 관리라고 볼 수 있겠지. 지속적인 관계에 관해서 좀 더 알아볼까?"

관계술사는 자신이 얼마나 새로워져 있는지 아직은 실감하지 못하는 유 팀장을 바라보면서 흐뭇한 미소를 지었다.

관계를 새롭게 만드는 기술, 관계 피보팅

관계술사는 유 팀장을 지긋이 바라보면서 잠깐 말이 없었다. 잠시 어색한 느낌이 든 유 팀장이 이상하게 쳐다보니까 그제야 다시 말을 하기 시작했다.

"자… 이제 관계술의 비밀도 마지막까지 왔군… 이제 마지막 비밀이야기를 시작해볼까?"

"앗! 이제 정말 마지막인가요? 벌써?라는 생각이 드네요."

"그래… 네 녀석도 이젠 관계에 대해서 많이 배웠군. 제법 좋아지기도 했고 말이야… 하지만 배우는 것이 마지막인 거지 아직 네가 관계에 완벽한 것은 아니야. 김칫국부터 마시지 말고 이제 열심히 연습해야지! 머리로만 이해하고 행동하지 않으면 비법이고 뭐고 다 쓸모없는 이야기야. 내 것으로 만들지 못하면 안 된다는 것을 명심하라고!"

"네, 명심하겠습니다."

"이 새로움에 관해서도 두근거리는 마음을 잃지 말아야 해. 그게 바로 관계의 기쁨이거든. 그것 때문에 우리는 관계라는 것을 이어가는 거지. 자~ 이제 마지막으로 전해줄 것은 바로 '관계 피보팅(pivoting)'이야."

피보팅은 한 발을 그대로 두고 다른 발을 옮기면서 방향을 요리저리 바꾸는 기술이다. 이걸 잘해야 상대방의 태클을 막아내면서 다음 동작으로 넘어가기 좋다. 요즘 피보팅이라는 단어가 경영에서도 많이 사용되고 있다. 기존의 사업 아이템을 바탕으로 외부 변화에 빨리 대응시키며 다른 방향으로 전환하는 기술이 무엇보다 중요하기 때문이다. 완전히 바꾸는 것이 아니라 중요한 축을 그대로 두고 방향만 바꾸는 방법이라 스타트업에서 많이 활용된다고 했다. 관계에서도 이처럼 피보팅을 해주면서 서로의 좋은 방향을 찾아가는 것을 '관계 피보팅'이라고 한다.

"다 버려야 새로워진다고 하셨는데 기존 것을 지키는 것은 뭔가 모순 아닌가요?"

"버리라고 다 버리면 관계를 맺는 의미가 없잖아? 관계에서 피보팅은 무엇을 버리고 무엇을 지켜야 되는지, 무엇을 관계의 중심으로 하고 어떤 방향으로 바꿔야 하는지 이것을 이야기하는 것이야."

일단 피보팅을 하기 위해서는 첫 번째, '내 축은 무엇을 중심으로 할 것인가'를 정해야 한다. 상대방과 관계를 맺으면서 무엇을 지킬 것인가? 이것을 찾는 것이 포인트라고 했다.

대부분 같은 취미나 같은 가치관 때문에 관계가 만들어졌으니 그것은 지키는 것이 좋다. 상대방과의 관계가 이루어질 수 있었던 믿음이나 신뢰가 제일 중요하기 때문이다. 그런 관계의 신뢰를 중심으로 축을 만들고, 상대방의 변화나 환경의 변화에도 튼튼하게 관계를 지켜야 한다.

관계술사는 상대방과 관계의 신뢰가 익숙해져서 놓칠 수도 있다는 것을 사람들이 많이 간과해버린다고 했다. 특히 가족들이나 오래된 친한 친구들 사이에서 이런 것들이 많이 나타난다. 그 누구보다 소중한 사람들인데 오히려 새롭게 만나는 사람들보다 편하게 생각해버리기 때문에 어떨 때는 서로 무척이나 서운함을 느끼는 것이다.

그래서 관계의 피보팅이 필요하다고 말했다. 환경도 변하고 심지어 나도 변하고 상대방도 변하는데, 관계가 그대로라면 문제가 안 생기는 것이 이상하다며 그래서 항상 피보팅으로 새로워져야 한다는 것이 바로 '관계 피보팅'의 핵심이다.

이 피보팅이라고 하는 개념을 관계뿐만 아니라 변화해야 하는 모든 것에 적용할 수 있다. 관점이나 마인드, 소통, 비전, 소명 같은 것들도 피보팅할 수 있고, 궁극적으로 인생 자체도 피보팅이 된다고 했다.

"우와~ 피보팅이라고 하는 것이 나의 장점을 기반으로 한 성장을 의미한다는 생각이 듭니다. 앞으로 무작정 변화를 주고 바꿔나가려고 하지 말고 피보팅이라는 개념을 한번 적용해봐야겠습니다."

"관계 피보팅 개념은 많은 사람에게 안정적으로 관계를 개선시킬 수 있는 개념이 될 거야. 관계 피보팅에서 첫 번째가 내 축을 아는 것과 지키는 것이라면 이제 어느 방향으로 나아가야 하는지 알아볼까?"

"방향을 잘 잡아야 할 텐데 사실 그게 정말 쉽지 않을 것 같습니다. 어느 방향이 맞는지 안 맞는지 시작도 안 해보고 알기는 어렵고, 막상 해보면 후회할 것 같고, 안 하자니 아무 결과도 없을 것 같고….."

"그 방향을 예측하고 잡는 것은 점쟁이나 예언가가 아닌 이상 알 수가 없지. 그래서 방향을 잡기 위해서는 정보를 모아야 해."

관계의 방향을 잡아라

방향을 정하는 데 필요한 정보는 어떤 관계가 되고 싶은지부터 생각해 보는 것이다. 무슨 관계가 되고 싶은지 구체적으로 상상해보고 그러한 구체적인 모습이 그려지면 방향이라고 하는 것이 잡힌다. 그러면 목표가 이루어지기 위해서 무엇을 할지 알 수 있게 된다고 했다. 그리고 상대방과의 관계의 방향을 알려면 상대방이 원하는 것도 알아야 해서 그러기 위해선 결국 경청이나 질문이 좋은 방법이 된다. 또 방향을 설정할 때 참고로 하면 좋은 것이 나와 다른 의견을 가진 사람들을 많이 만나봐야 한다는 것이다. 직접 상대방에게도 피드백을 받으면 좋겠지만 객관적인 시각을 가질 수 있도록 나의 주변인들에게 이야기를 듣는 것도 좋다. 내 주변에 나와 같거나 비슷한 의견을 가지고 있는 사람들의 의견은 사실 새로운 관점이나 시각을 가지기 어렵기 때문에 될 수 있으면 나와 다른 의견이나 관점, 시각을 가진 사람들을 만나면 삶 자체가 풍성해지고 풍부한 경험을 덤으로 얻게 된다고 했다.

"나와 다른 의견을 가진 사람들을 만나면 대체로 좀 피하게 되거나 신경이 날카로워지잖아요? 그런데 그런 사람들을 꼭 만나야 합니까?"

"많은 사람이 '문제가 생기느니 차라리 피하자.'라고 생각하지. 그래서 유유상종이라는 말처럼 비슷한 사람들끼리만 어울리게 되거든. 하지만 그런 만남이나 관계에서는 새로움이 없어. 어차피 내가 생각하는 범위 내에 있거든. 그래서 내가 변하고 성장하고 발전하기 위해서는 결국 나와 생각이 다른 사람들을 만나야 해."

유 팀장은 나와 다른 생각이나 의견을 가진 사람이 나의 삶을 풍성하게 해준다는 이야기를 듣고 뭔가 놓치고 살았다는 생각이 들었다. 그동안 성장의 기회를 알아보지 못했다는 속상한 마음이 올라왔다.

"사람들은 보통 불편한 관계를 싫어하기 때문에 결국 더 성장하는 기회를 놓치지. 그런데 여기서 한 가지 생각해볼 것이 있어. 불편하다고 생각하는 '이 사람이 왜 나에게 나타났을까?'라는 점이지."

"그냥 살다 보면, 이 사람 저 사람 만나게 되는 거 아닌가요?"

"믿거나 말거나일 수도 있지만 이 세상은 다 이유가 있거든. 어떤 것이라도 이유가 없는 것은 없어. 다만 우리가 그것을 모를 뿐이지. 그런 면에서 나에게 불편한 사람이 나타났다고 하는 것도 이유가 있는 것이지."

불교에서는 "이 세상에 일어나는 모든 현상에는 다 이유가 있다."라고 하는 '연기법'이 있다. 즉 "모든 것에는 원인과 결과가 있다."라는 말이다. 무엇하나 의미 없는 것이 없기 때문에 그런 관점에서 보면 나에게 일어나는 모든 문제나 불편한 일들도 재수가 없어서 일어나는 일이 아니라

다 이유가 있어서 일어난다는 말이다.

"문제가 일어나길 바라는 사람이 있나요? 전 정말 원하지 않는데… 문제가 생기는 건 평소에 제가 죄를 지어서 일어나는 것일까요? 내가 원하지 않아도 꼭 생기는 건가요?"

"이유가 있어서 문제가 생기는 것이지만 잘 생각해보면 네 녀석이 원해서 생긴 일들이지."

"전 정말 문제를 원한 적이 없습니다! 맹세코!"

"하지만 네 녀석은 항상 잘되고 싶다. 성장하고 싶다. 변하고 싶다. 이런 생각을 했을 텐데?

항상 지금과는 달라져야 한다고 생각하면서 변하고 싶다고 계속 원하지 않았어? 그렇게 변하고 싶다고 원했으니 '변하는 기회'가 왔다면 이제 이해가 되려나?"

"제가 원하는 것은 문제가 생기는 것이 아니라 지금보다 나은 모습인데요?"

"지금보다 원하는 모습이 되려면 한순간에 되는 것이 아니라, 원하는 모습이 되는 기회가 온다는 말을 한 적이 있는데 기억이 안 나나?"

"아! 생각이 납니다. 그럼 저에게 힘든 상황이 오는 것이 그때 말한 '힌트'군요!"

관계술사는 그래서 이 세상 모든 것들이 다 이유가 있고, 이 세상 모두가 힌트라고 했다. 다만 우리가 그것을 힌트로 인식하지 못하는 것뿐이고, 관계에서도 상대방이나 주변인들은 나에게 계속 힌트를 보내고 있지만 내가 그것을 외면하거나 알아보지 못한다고 했다. 정보를 얻기 위해서는 이러한 힌트들을 정보로 인식하는 연습이 중요하다고 덧붙여 말했다. 그래서 방향을 잡는 것도 사실은 주변의 영향이나 개인의 성향이 마음이 반영된 것이다.

"관계 피보팅이라고 하는 것에 대해서 잘 살펴보았는데 어때? 이제 좀 너와 주변과의 관계를 피보팅 할 수 있겠어?"

"'해봐야죠!' 하면서 배운다고 생각합니다. 고민만 하다가 놓치지 않게 직접 부딪혀봐야죠."

"관계술의 여섯 번째 비밀 : 새로움"

관계술의 핵심 : 새로운 관계로 전환시켜라!

– 성찰의 결과는 결국 새로움이 된다.

– 가지고 있던 관점을 바꾸면 맺어진 관계도 새로워진다.

– 새로워지기 위한 시작은 버리는 것이다.

관계를 새롭게 만드는 기술 : 관계 피보팅

– 피보팅이란 한 발은 그대로 두고 다른 발을 옮기며 방향을 바꾸는 기술이다.

– 외부 변화에 빠르게 대응하며 다른 방향으로 전환하는 기술은 무엇보다 중요하다.

– 서로의 좋은 방향을 찾아가는 것이 바로 관계 피보팅이다.

이 제 부 터   당 신 도   W I N W I N 하 라 !

관계술 마지막 비밀의 문을 열다

새로운 비밀을 또 알려준다는 관계술사의 말에 유 팀장은 너무 궁금해서 관계술사를 졸랐다. 호기심이 충만한 유 팀장을 보고 관계술사는 너무나 재미있다는 표정을 지으면서 뜸을 들였다.

"관계술사님, 이제 여러 퍼즐이 막 맞춰져서 마지막 비밀 열쇠를 하나 얻게 되는 기분입니다. 그 비밀 열쇠가 뭔지 얼른 좀 알려주세요. 너무 궁금합니다."

"아니 이 녀석이 갑자기 왜 이렇게 보채는 거야? 내가 사탕 숨겨놓은 사람도 아니고, 애들처럼 보채기는…."

"6가지 비법들도 어마어마한데 이 6가지 비밀을 다 배우면 알게 되는 비밀이 있다고 하니 안 궁금하겠습니까?"

"하하하. 그래, 어마어마한 비밀이긴 하지. 6가지 비밀이 모여서 만들어내는 강력한 비밀이니까 말이야. 이제 중요한 이야기를 시작할 거니까 잘 들어봐."

그렇게 이야기하면서 관계술사는 그동안 관계술의 비밀을 적은 6장의 메모 종이를 꺼냈다.

Wondering

Interesting

Networking

Wants

Insight

New

관계술사는 한 장, 한 장 메모해두었던 6장의 메모 쪽지를 바닥에 늘어뜨려 놓으며 다시 말을 이어 나갔다.

"자~ 관계술의 비밀 6가지를 전부 적은 메모지야. 기억나지? 전체를 한꺼번에 봐볼까? 어때 뭔가 비밀이 느껴지나?"

"음… 글쎄요… 하나하나는 알겠는데… 음… 이게 저의 한계인가? 잘 모르겠습니다."

"자, 그럼 다시 한 번 메모지를 잘 봐. 천천히…"

관계술사는 메모지를 한 장 한 장 살짝 겹치면서 다시 배치했다. 차례로 겹친 메모지를 다시 보니 영어 단어들의 첫 글자들만 연결되어 보였다.

"앗! 영어 첫 글자만 보니까! WINWIN이라는 글자가 되는군요? 윈윈! 상생이라는 뜻이죠? 와우! 대박!"

유 팀장은 메모지가 함께 모여서 또 다른 의미가 되는 것에 깜짝 놀랐다.

"그래, 맞았어. 바로 그거야! 그래도 잘 알아봤군. 자~ 이제 비밀을 말해줄 테니 집중해서 잘 들어봐. 관계술의 숨겨진 비밀은 네가 추측한 것처럼 바로 '상생'이야. 너는 '상생'이 뭐라고 생각해?"

"너도 좋고, 나도 좋고, 같이 잘 살자. 이런 거 아닌가요?"

"관계술의 비밀이 의미하는 '상생'이 결과적으로는 네가 생각하는 그 '상생'이 맞긴 하지만 그렇게 단순하진 않지… 알지만 잘 안 되는 것이 바로 상생이거든."

관계술사는 호기심, 즐거움, 연결, 원하는 것, 성찰, 새로움… 이 6가지 비밀이 하나하나의 의미도 크지만 결국 이 관계술의 가장 큰 베이스는 바로 윈윈, 즉 상생이라고 했다. 관계는 상생이고 상생을 기반으로 형성이 되기 때문에 상생하지 않는 관계는 오래 유지될 수도 없고 성장할 수도 없다. 관계라고 하는 것은 결국 서로 간의 상생을 위해 노력하는 마

음과 자세를 의미하기 때문이다. 상생을 위한 마음가짐이나 행동을 살펴
보면 결국 상대방에 대한 호기심을 느끼고 서로의 만남을 통해 즐거움을
찾고 연결이 되면 서로가 원하는 것들을 가질 수 있도록 도와주면서 자
신을 다시 발견하는 성찰을 하게 되는 것이다. 그렇게 관계는 새로워지
고 성장하게 되며 그게 관계이고 상생이라고 했다.

유 팀장은 관계술의 비밀이 운용되고 이루어지는 모든 중심에는 상생
이라는 의미가 기본이라는 생각이 들었다. 그래서 사람들이 관계를 맺게
되는 것이고 만약 지금 관계가 좋지 않다면 서로 상생이 되고 있는지 살
펴보는 것도 정말 중요하다는 것을 깨달았다. 자신과 최 대리, 그리고 강
이사와의 관계에서도 서로 상생하고 있었는가를 생각해보니까 바로 딱
답이 생각날 것 같았다.

"우리가 '왜 불편한가'를 생각해볼 때 서로 상생하고 있는 관계인가? 상
생하려는 관계가 되기 위해 노력하고 있는가? 이 점만 잘 봐도 어떤 것이
문제가 되고 있는지 바로 알 수 있어. 대부분의 관계에서 문제는 서로를
위한 마음이나 서로 플러스가 되는가에서 밸런스가 맞지 않고 어느 한쪽
으로 기울어졌기 때문에 생기거든. 그리고 어떤 때는 아예 자신이 어떤
상황인지 모르기도 하지. 그래서 주위에서 아무리 이야기해도 잔소리로
듣거나 자신과는 상관이 없다고 생각하니 관계가 좋아질 수 없는 거야."

관계술사는 이처럼 잘못된 관계의 시작은 대부분 오해에서 시작되는데, 관계가 불편하게 된 이유를 한번 생각해보면 서로를 위한 상생의 밸런스가 깨지고 서로가 느끼는 마음이나 정도가 점점 달라지기 시작하게 되니까 불편하게 된 것이라고 했다. 그래서 자꾸 오해가 더 생기게 되고 그게 쌓이면 나중에 빵~! 하고 한 번에 터지게 된다. 그러면 사람들은 '단절'이라는 카드를 꺼내게 되고 그 관계는 결국 사라지는 것이다. 참다가 참다가 나중에 '이 사람이랑은 상종 못 하겠네.' 하고 관계를 일방적으로 정리해버리는 일들이 많다.

"그러면 또 질문이 하나 있습니다. 잘못될 것 같거나 관계가 잘못되었을 때는 상생의 마음에서 다시 관계를 살펴보라고 하셨는데 어떻게 시작해야 하나요?"

관계술사는 관계 개선이 되려면 먼저 자신 스스로가 편견으로 똘똘 뭉쳐진 사람이라는 것을 인정하는 것에서 시작하라고 했다. 그래서 편견을 알아차리고 그 편견을 버리는 것이 바로 관계 개선의 첫걸음이고, 편견이라고 하는 것은 결국 상대방을 보는 좁은 시야나 나의 고정관념을 의미한다고 말했다. 그래서 편견이 강할수록 관계도 편협하게 보게 되기 때문에 처음엔 상생할 생각도 못 하게 되는 것이라고 했다. 그저 앞에 나타난 문제를 해결하는 것에만 신경을 쓰게 되고 내가 바빠질 때 우선순위에서 밀려나게 되니 결국 관계의 연속성은 끊어져버리고 관계는 단절되어버린다. 상생은 말 그대로 쌍방향이기에 결국 상생을 한다는 것 자체가 밸런스를 맞춰 나간다는 의미이다.

"여기서 한 가지 더 말해주고 싶은 게 있는데, 관계를 만들면서 많이 실수하는 부분이 사람들은 자꾸 완벽한 관계를 추구한다는 거야. 그러니 서로 노력을 하면서 자기가 생각한 완벽한 관계에 부족한 것이 느껴지면 '넌 나의 관계모델에서 부족한 사람'이라고 바로 상대방을 평가해버리거든. 그러니 관계가 성숙되기 전에 정리되니까 완벽한 관계의 시작도 안 되는 경우가 많지. 사실 여기서 중요한 게 '완벽한 관계라는 것은 없다'는 거야. 사람들이 추구하는 것이 서로 다른데 어떻게 완벽한 관계가 될 수 있겠어? 생각과 살아온 경험이 다르고 가치관과 추구하는 소명이나 사명도 다른데 추구하는 관계가 같기는 거의 불가능에 가까운 것이지. 그러니 완벽한 관계를 추구하지 말고 적당한 관계를 통해 서로를 인정하고 지지하면서 밸런스를 맞춘다는 것이 중요하지."

밸런스를 맞추는 과정이 바로 관계이고, 그 관계는 그렇게 '너와 나의 관계는 이런 관계다.'라고 암묵적으로 합의하는 것이다. 그런데 그런 합의가 적절하게 일어나지 않고 '이 정도면 되겠지.' 하는 추측하는 생각만으로 합의되었다고 착각하면 나중에는 서로 기대하는 바가 달라지고 결국 밸런스는 깨지게 된다. 그래서 결국 완벽한 관계도 굉장히 유동적이고 상대적이다. 특히 많은 사람이 함께하는 현대사회에서 관계도 결국 일대일이 아니라 일 대 다수로 생각해봐야 하고 그래서 관계는 편이 아니라 팀을 만드는 기술이라는 말도 있다고 했다.

"관계는 편이 아니라 팀을 만드는 기술이다. 누구누구를 분별하고 나누는 게 아니라 함께하는 팀을 만든다. 이게 관계의 핵심! '윈윈!'이라는 말이군요."

"함께하려면 상생하고, 상생은 좋은 관계를 통해 성장하지. 그래서 좋은 관계는 결국 좋은 관계를 다시 불러들이고 좋은 관계는 네트워크망을 형성하면서 하나의 영향력이나 문화가 되는 거야. 관계를 통해 상생 문화를 만들 수 있으니까 좋은 관계가 세상을 바꿀 수 있다는 생각도 할 수 있지. 그게 바로 우리가 관계에 집중해야 하는 이유야. 그런 세상을 위해서 스스로 변화하고 함께 조금씩 변화한다면 세상은 조금 더 나은 세상이 되겠지?"

"관계가 결국 답이네요. 평소에 관계를 잘 유지하고 지켜나가는 것이 중요한데 좋은 노하우 같은 것들이 없나요?"

관계술사는 관계를 하나의 유가 상품, 즉 돈이라고 한번 생각해보라고 했다. 돈을 벌면 은행에 저금하듯이 관계도 관계 계좌에 쌓아 나갈 수 있다고 했다. 유 팀장은 관계를 예금 계좌처럼 은행에 저축한다고 생각하면서, 미리 저축해두었다가 꺼내 쓸 수도 있지 않을까 생각했다.

관계술사는 그러한 것을 사회적 자본(social capital)이라고 했다. 사회적 자본은 명성이나 신뢰 같은 것들인데 좋은 관계란 것도 결국 사회적 자본처럼 저축하고 그 가치를 높일 수 있다. 그러한 관계 계좌의 잔고를 높이는 방법으로는 여러 가지가 있겠지만 그중에서 가장 중요한 것이 상대방에 대해서 긍정적인 말을 하는 것이고 그 사람이 없을 때도 부정적인 이야기는 절대로 하지 말아야 한다는 것이다. 만약 긍정적인 이야기 내용이 없으면 그냥 입을 다무는 것이 좋다고 했다. 우리는 뒷담화라고 해서 뒤에서 호박씨 까는 것을 너무 좋아하기 때문에 쉽게 다른 사람의 흉을 잘 본다. 그런데 그러한 행동은 상대방이 오히려 나에게 신뢰를 잃어버리게 한다고 했다.

"저도 이제 제대로 관계 계좌에 부를 쌓아나가겠습니다."

"관계술의 마지막 비밀 : 상생"

관계술의 숨겨진 비밀 - 윈윈 WINWIN

– 관계는 결국 서로 상생을 위해 노력하는 마음과 자세를 의미
한다.

– 상생하지 않는 관계는 오래 유지될 수도, 성장할 수도 없다.

– 관계술의 비밀이 운용되고 이루어지는 모든 중심에는 상생이
있다.

좋은 관계란 것도 결국 사회적 자본이다

– 사회적 자본에는 명성이나 신뢰뿐만이 아닌 좋은 관계도 포함
이다.

– 관계는 저축하고 그 가치를 높일 수 있다.

– 관계 계좌의 잔고를 높이며 부를 쌓아 나가자.

이 제 부 터   당 신 도   W I N W I N 하 라 !

3장

모두
승리하는 비밀,
WINWIN하라

관계의 6가지 비밀을 잘 이해하셨나요? 관계의 6가지 비밀이 모이면 결국 '윈윈' 즉, 상생이 됩니다. 승리는 혼자만의 1등을 의미하는 것이 아닙니다. 진정한 승리는 모두가 원하는 것을 얻게 되는 것입니다. 제로썸의 경쟁이 아니라 화합과 협업 그리고 상생의 관계가 당신을 진정한 승리자로 만듭니다.

불씨처럼 관계를 맺어라, 불씨 리더십

사람을 대할 때는 불을 대하듯 하라.
다가갈 때는 타지 않을 정도로, 멀어질 때는 얼지 않을 만큼만.

– 디오게네스 –

관계 에피소드 5- 비 온 뒤 땅이 굳는다

유 팀장은 요즘도 여전히 아침에 일찍 나와서 차를 마시고 신문을 보고 천천히 하루를 시작한다. 오늘도 회사의 아침은 분주하고, 출근하는 사람들부터 활기차다. 출근 시간이 다 되어서 허둥지둥 들어오는 직원들을 보니까 옛날 생각이 나서 피식 웃음이 나왔다. 자신을 피하는 직원들도 없고 서로 누구라고 할 것 없이 편하게 다가와서 질문도 하고 인사를 건네는 등 즐거운 회사생활을 즐기고 있다.

"팀장님, 좋은 아침입니다."

"오~ 최 대리~ 굿~모닝~~!"

"요즘 항상 일찍 나오시네요."

"일찍 나오면 여유도 있고 기분도 뿌듯하고 좋더라고. 최 대리도 일찍 나오던데?"

"전 집이 멀어서 일찍 나오지 않으면 아예 너무 오래 걸려서요. 차라리 일찍 나오면 안 막혀서 시간이 훨씬 절약됩니다."

"시간을 그렇게 알뜰하게 사용하려는 것 보니까 최 대리는 정말 앞으로 다른 사람보다 더 잘될 거야. 크게 성장할 것 같아."

"별말씀을 다 하십니다. 그래도 칭찬해 주시니까 아침부터 기운이 더 납니다. 감사합니다. 팀장님도 오늘 파이팅입니다!"

최 대리는 그렇게 인사를 하고 자기 자리로 돌아갔다. 뒤이어 출근하는 사람들이 유 팀장에게 눈인사나 가벼운 목례를 하고 자기 자리로 가서 오늘 하루를 시작하기 위해 준비한다.

유 팀장은 김 부장님의 49제가 잘 마무리되었다고 연락받았다. 김 부장님과의 추억을 떠올려보면서 그토록 힘들던 회사에서의 관계 문제가 마치 하늘이 내려준 선물처럼 잘 풀릴 수 있었던 것이 아마도 관계술사님과의 만남 덕분이었다고 생각했다. 한번 꼬이면 어떻게 할지 몰랐던 예전과는 다르게 이제는 여유까지도 생겼다는 것을 느낄 수 있었다.

삐리리리 - 책상의 전화벨이 울렸다.

――― 마케팅영업 부서 유건우 팀장입니다.

――― 유 팀장~! 굿모닝입니다. 잠시 방에서 뵐 수 있을까요?

――― 네, 알겠습니다. 금방 찾아뵙겠습니다.

똑! 똑!

"이사님, 유건우 팀장입니다."

"네~ 들어오세요."

유 팀장이 방에 들어서자 거기에는 강 이사 말고 사장님도 함께 계셨다.

"엇? 사장님? 안녕하세요?"

"오~ 유 팀장, 오랜만이네? 잘 지내지?"

"네! 덕분에 열심히 회사 잘 다니고 있습니다."

"유 팀장, 내가 부담스러운 건 아니지?"

"아닙니다. 사장님. 간만에 얼굴 뵈니까 너무 좋습니다."

"반갑다고 하니 나도 좋군. 하하하."

강 이사가 말을 꺼내려고 하자 사장님이 잠시 제재하면서 말했다.

"유 팀장에게는 내가 설명하도록 하지! 내가 자네를 부른 이유가 궁금하지? 우선 기쁜 소식을 전하지. 이번 인사 개편에서 강 이사가 부장급으로 자네를 추천했어."

"네?"

유 팀장은 깜짝 놀라며 어안이 벙벙했다. 사장님과 강 이사를 번갈아 보면서 꿈인지 생시인지 자기 허벅지를 살짝 때려보았다.

"깜짝 놀라는 걸 보니 무척 기쁜 소식이지?"

"네~ 그렇습니다!"

"강 이사가 이렇게 적극적으로 추천을 하니 내가 궁금해서 안 와볼 수 있나? 그래서 자네랑 이야기를 한번 나눠보고 싶었지. 사실 난 강 이사가 저렇게 적극적인 어필을 하던 사람인가? 하는 생각도 들었다네. 누구를 쉽게 추천하고 좋은 이야기를 하는 사람이 아니라고 생각했거든. 물론 그 외에도 좋은 장점이 많은 친구지만 사람을 잘 못 믿었는데 말이야.

그런데 언제부터인가 좀 달라진 것 같단 말이야."

"이게 다 사장님이 잘 이끌어주신 좋은 회사에서 일해서 그런 것 같습니다."

"이 사람 이제 보니까 아부꾼이 다 되었구만. 하하하. 유 팀장, 나름 내가 직접 부장 인터뷰를 해보고 싶어서 자네를 불렀네만 몇 가지 좀 물어보려고 하는데 괜찮겠나?"

"갑자기 이렇게 질문을 주신다고 하니 제가 잘 대답할 수 있을지 모르겠습니다. 괜찮으시면 제가 준비를 더 해서 찾아뵈면 안 될까요?"

"그러면 이렇게 기습적으로 찾아온 보람이 없잖아? 난 준비된 대답을 원하는 게 아니라 지금 유 팀장님의 꾸밈없는 정확한 모습을 보고 싶은 거니까, 그냥 편하게 나랑 커피 한잔한다고 생각해보게."

"아… 네, 알겠습니다."

당신은 왜 회사를 다니십니까?

물을 한잔 마신 유 팀장은 숨을 크게 한 번 내쉬고 마음을 진정시켰다.

"내가 질문할 건 전문적인 내용은 아니니 안심하게. 전문적인 내용이야 우리 강 이사가 다 알아서 판단하겠지. 내가 항상 직원들에게 질문하는 몇 가지가 있는데 그중 첫 번째 질문은 '왜 회사에 다니는가?'라는 질문이지. 유 팀장, 자네는 우리 회사를 왜 다니나?"

"음… 쉬운 것 같지만 또 한편으로는 어려운 질문이군요. 회사를 처음 다닐 때는 그저 좋은 직장에서 돈을 잘 벌기 위해서 다니자고 생각했었습니다. 그런데 막상 다녀 보니까 돈 이외의 가치도 있다는 것을 알게 되었죠."

"돈 이외의 가치? 그래 그것이 무엇인가?"

"그것은 일을 통해서 내가 마치 수련하고 성장한다는 생각이었습니다. 마치 기술을 갈고닦듯이 내 삶을 잘 갈고닦는 것이 바로 일이라고 생각하게 되었습니다. 일을 통해 내가 성장하고 일을 통해 나를 돌아볼 수 있었습니다. 회사나 일에는 그런 여러 가지가 녹아져 있다는 것을 알게 되었죠. 사실 회사에서 보내는 시간이 내가 다른 곳에서 보내는 시간보다 월등히 많으니 내 삶이 이루어지고 펼쳐지는 곳이 회사라고 생각했습니다. 그러니 이곳에서 일한다는 것은 바로 '살아간다'는 것이 아닐까 하는 생각이 들었습니다."

"살아간다는 말이 참 좋군. 그래 일은 살아가는 그대로이지. 그럼, 여기서 자네는 무엇을 배웠나?"

유 팀장은 관계술사의 숨겨진 비밀인 '상생'이 떠올랐다.

"네, 그건 바로 '상생'입니다. 함께 살아가기 위해 함께 모여 삶을 나누고 인생을 같이 걸어가는 사람들이 바로 회사라고 생각했습니다. 회사의 바탕은 서로에게 버팀목이 되어주는 상생이라는 마음이 필요하다는 것과 서로의 상생 밸런스가 맞아야 결국 회사가 성장하고 나도 함께 성장한다는 생각이 들었습니다."

"자네가 그런 생각까지 하니 아주 놀라운데? 이거 인터뷰를 하다가 내가 오히려 한 수 배우는 느낌인데? 강 이사가 적극적으로 추천한 이유가 있었어."

"과찬이십니다. 사장님."

"자네가 얼마 전만 해도 회사에서 관계적으로 좀 나쁜 소문도 있다고 해서 내심 걱정이 있었는데 어떻게 된 건가?"

"네, 사실 그런 여러 가지 일이 있었습니다. 하지만 위기나 문제가 생긴다고 하는 것은 제가 변할 수 있는 좋은 기회라고 생각했습니다. 그래서 차근차근 하나씩 풀어나가면서 제가 성장한다고 느꼈습니다. 관계나 리더십이라고 하는 것들이 책이나 검색을 통해 배울 수 있는 게 아니라 한 땀 한 땀 사람들과 부딪히면서 깨우치고 배우는 것이라고 알게 되었습니다. 그때 그런 시련이 없었다면 제가 이렇게 성장할 수도 없었다고 생각합니다."

"아니, 뭐 미리 준비한 것처럼 말을 너무 잘하는군, 유 팀장? 허허허. 듣는 내가 기분이 다 좋아질 정도로 아주 멋진 답변을 해주는군."

"아… 너무 뻔하고 식상한 대답이었나요?"

"그 정도로 너무 듣기 좋은 대답이었네. 나도 다시 한번 뒤돌아보게 되는군. 강 이사, 자네는 어떤가?"

"저도 지금 이야기를 들으면서 깜짝 놀랐습니다. 유 팀장이 이 정도 생각하고 있는지 몰랐네요."

"상생이라는 것이 우리가 함께 살아가는 것에서 중요하다고 하는 것을 정말로 잘 알고 있어서 좋군. 회사를 운영할 때 그러한 고민이 정말 많은데 유 팀장이 이야기를 꺼내주니 내 마음을 알아주는 것 같아서 잠시 울컥할 뻔했어. 자네는 그런 관계에 대해서 뭔가 좀 아는 것 같은데 어떻게 그런 것들을 알게 되었는가?"

유 팀장은 관계술사와의 비밀 수업이 순간 떠올랐다.

"회사생활을 하면서 모든 것이 관계의 연속이라고 생각하게 되었습니다. 심지어 저와의 관계까지도 생각하게 되더라고요. 나에 대해서 생각하고, 상대방의 입장을 생각하고, 그래서 나를 컨트롤하는 것까지 관계에 대한 많은 경험을 할 수 있었습니다. 아마 그래서 그렇게 느끼신 게 아닐지 모르겠습니다."

"이야~ 이제 봤더니 유 팀장이 관계 전문가였네?"

강 이사도 사장님 말에 얼른 동의했다.

"사장님, 저도 처음에는 오해를 좀 했었는데 알고 보니 아니더라고요. 요즘은 직원들 사이에서도 관계 전문가로 멘토링까지 해준다고 들었습니다. 그렇게 유 팀장에게 멘토링을 받은 직원들이 회사 업무 태도가 무척 좋아졌습니다."

"어쨌든 회사에 무척이나 도움도 되고 중요한 역할을 하고 있다는 거군?"

"네, 그래서 그런 소통이나 통솔력 그리고 관계에 대한 전문적인 역량을 감안했을 때 이번 부장직에는 유건우 팀장이 딱 어울리지 않나 생각이 들었지요."

"하하하. 그래 참 기분이 좋군. 물론 지금 확정은 아니지만 이제 유건우 부장이 된다면 자네는 무엇을 한번 해보고 싶은가?"

"저는 꼭 한번 해보고 싶었던 것이 있었습니다. 그게 뭐냐 하면⋯."

그렇게 이야기 삼매경에 빠져서 유 팀장은 강 이사와 사장님과 함께 회사와 자신에 대한 이야기를 너무나도 즐겁게 나누었다. 간만에 강 이사 방에서 웃음소리가 끊이지 않고 들려왔다.

잠시 후 인터뷰를 마친 유 팀장은 간만에 옥상을 찾았다.

팀장으로서 인정받고 또 이제 부장으로 추천받는다는 생각에 가슴이 쿵쾅쿵쾅 뛰고 설레는 마음을 진정시킬 수 없었다. 방금까지 무려 2시간 동안 사장님과 강 이사와 함께 마음이나 관계술에 대해서 신나게 이야기하다 보니 마음이 쉽게 잘 진정이 안 되어서 옥상에 올라온 것이다. 오랜만에 찾은 옥상을 바라보면서 예전에 여기서 시간을 죽이며 보냈던 생각이 떠올랐다.

'여기서 참 많은 일이 있었지… 그때만 해도 회사생활을 하는 게 너무 힘들고 지쳤었는데, 그게 다 사람들과의 관계 때문이었구나… 그 뒤로 정말 나도 많이 변했구나. 지금 내가 이렇게 즐겁고 설레는 마음을 가질 수 있다고 정말 몇 달 전만 해도 상상 못했는데… 이게 다 관계술사님을 만나서 생긴 일들이지. 그러고 보면 갑자기 관계술사님을 만나게 된 것도 너무너무 신기하단 말이야… 최 대리나 김 부장님, 강 이사님하고 있었던 여러 일들을 지금 생각해보면 관계술사님이 말한 것처럼 내가 변하는 기회였던 거야.'

마음을 움직이는 리더십의 비밀, 불씨 리더십

유 팀장이 회사에서 부장으로 추천받았다고 하자 관계술사는 마치 자기 일처럼 기뻐했다.

"이야~ 이제 승승장구하는 건가? 부장직으로 추천받았다면 이제 간부급으로 올라간다는 건데, 능력을 인정받았다는 뜻이잖아? 축하하네!"

"저도 어안이 벙벙합니다. 갑자기 이렇게 일이 잘 풀리니까 오히려 덜컥 겁도 나고요."

"왜? 이 모든 좋은 기회들이 사라질까 봐?"

"네, 맞습니다. 사라질까 좀 걱정이 됩니다."

"그런 부정적인 생각을 빨리 버려! 이제 겨우 제대로 긍정적으로 에너지가 바뀌었는데, 왜 다시 부정적인 에너지를 끄집어내는 거야? 얼른 긍정적인 생각을 떠올리게. 자네가 원하는 모습으로 잘되어서 성공하는 장면을 그려봐."

관계술사는 심각한 표정으로 평소에 일이 잘 안 되다가 잘되려고 할 때는 꼭 마가 끼는 법이라며 꼭 명심하라고 했다. 그건 자신이 잘될 수준이 되는지 하늘이 주는 일종의 테스트라며 좋은 일에는 처음에 그런 생각이 든다고 했다. 그러니 '잘될까?', '이러다가 다시 떨어지면 어떡하지?' 같은 네거티브한 상황을 생각하게 되면 세상은 생각한 그대로 네거티브하게 이루어져 버린다고 신신당부했다.

유 팀장은 『시크릿』처럼 구체적으로 상상하면 현실이 된다는 것을 떠올렸다. 부정적인 생각도 현실이 되어버릴 수 있으니 어떤 순간이 와도 절대로 부정적인 말은 꺼내지도 말고 생각하지도 말아야겠다고 생각했다.

"그래, 꼭 명심하라고! 자~ 그러고 보니까 이제 간부직이 되는 거잖아? 그럼 이제 리더십 이야기도 해줘야겠군."

관계술사는 리더십도 결국 직원과 리더의 관계를 의미하니까 큰 연관성이 있다며 이제 간부가 되면 지금보다 더 힘들어지게 되고, 관계에 대해서도 더 많은 신경을 쓰라고 했다. 특히 새로 온 신입이나 직원들과의 소통에 대해서도 미리 준비가 필요하다고 했다.

"너는 리더십이 뭐라고 생각해?"

"리더십은 리더가 가지는 마음이겠죠? 구성원들을 이끌고 동기 부여도 팍!팍! 하고 어려운 일도 척!척! 해내는 그런 것들이 아닐까요?"

"그래. 리더십이라고 하면 대부분 너와 같은 이야기들을 하지. 또 그러한 리더들을 많이 봐왔기도 했을 테고 말이야. 하지만 리더십이라고 하는 것이 정말 여러 가지 종류가 있거든. 그중에서도 내가 전해주고 싶은 리더십이 있어." 관계술사는 유 팀장이 조금 전에 설명한 리더십은 카리스마 리더십이라고 했다. 주로 독재자들이나 선구자들이 가진 리더십이고, 카리스마라는 단어처럼 강력한 리더의 이미지를 상상하게 된다. 대부분의 사람이 리더라고 하면 사람들을 이끄는 개선장군 같은 모습을 생각하고 카리스마가 필요하다고 생각한다. 그런데 카리스마는 사실 리더십이 아니라 하나의 자질이다. 카리스마가 있는 사람 중에 소위 큰 위인이라고 할 수 있는 사람들은 대부분이 전쟁을 일으켰고 히틀러나 나폴레옹 같은 사람들이 얼마나 많은 사람의 목숨을 잃게 하고 고향을 떠나게 했는지 보면 카리스마가 그렇게 도움이 되는 리더십은 아니라고 했다.

건국 초기나 기업의 초기에는 사람들이 무엇을 해야 할지 잘 모르니까 그런 카리스마가 필요할 수는 있지만 현재에는 카리스마가 필요한 세상은 아니라고 했다.

"말씀을 듣고 보니 그러네요. 그런 강력한 카리스마가 있는 사람은 사람들을 강압하니까 이제 범죄자 같은 느낌이 들지도 모르겠습니다."

"리더십의 핵심은 진정성이고 신뢰야. 그래서 영향력이라고 하는 것이 생기지. 누군가를 따른다는 것은 마음이 움직이기 때문이니까. 리더십의 본질은 사람들의 마음을 움직이는 것이라고 볼 수 있지. 그래서 구성원들을 지지하고 힘을 실어주는 마음이 바로 리더십인 거야."

"리더십이 정말 관계와 상관이 많겠군요."

"자~ 그럼 내가 너에게 알려주고 싶은 리더십은 바로 '불씨 리더십'이야."

그리스 신화의 프로메테우스는 인간에게 불을 선물한 신인데, 제우스의 번개에서 불을 훔쳐 인간에게 주었다. 그 덕에 그는 매일 독수리에게 간을 파 먹히고, 간이 매일 새로 회복되어서 그 고통이 계속 이어지는 끔찍한 형벌을 받게 된다. 프로메테우스는 인간을 위해 목숨을 걸고 불을 훔쳐서 준 것인데 여기서 우리는 '불씨 리더십'이라는 것을 배울 수 있다. 불씨는 또 다른 불씨를 낳고, 그 불씨는 다시 또 다른 불씨를 낳게 된다.

여기서 불씨는 자유를 상징하고 이타심을 상징하며 그렇게 우리 세상 모두에게 불씨의 힘이 전달되면 사람들의 삶이 바뀌고 세상이 변하게 된다고 했다. 이런 불씨를 다룰 때 주의해야 하는 것이 있는데 불은 너무 강하면 모든 것을 파괴하지만 잘 조절하면 삶을 풍요롭게 만든다는 점이다. 이것이 바로 현대 사회에 필요한 '불씨 리더십'이라고 말했다.

"불씨라고 하는 것이 감사하고 따뜻한 마음이라고 생각하니까 정말 이해가 빨리 되네요. 사람들에게 따뜻하고 이로움을 줄 수 있는 리더십이 바로 불씨 리더십이군요."

"불씨 리더십을 떠올릴 때 나는 모닥불을 생각해보곤 하는데, 모닥불 주위에는 사람들이 모여서 고구마나 감자 같은 것들도 구워 먹고 오손도손 이야기를 나누지. 그게 불씨가 주는 힘이야. 너무 강하면 사람들이 피하겠지만 적당하면 사람들에게 정말 행복을 주는 역할이 되거든."

"요즘 캠핑 가서 불멍 많이들 하는데 불씨 리더십도 완전 불멍인데요? 정말 사람들을 행복하게 만들어주니까요."

"불씨 리더십의 핵심은 타인을 향한 사랑과 애민 그리고 널리 이롭게 하는 홍익의 마음이라고 할 수 있지. 요즘처럼 불확실성이 많아지고 시시각각 빠르게 변하면서 복잡하고 모호한 세상을 뷰카(VUCA) 시대라고 하는데, 그 어마어마한 속도를 따라가지 못하는 사람들이 정말 많거든. 그래서, '사람들에게 정말 필요한 것은 과연 무엇일까?'라는 질문을 할 수 있는 사람이 바로 리더야."

관계술사는 그런 리더의 마음이 바로 '불씨 리더십'이라고 했다. 불씨 리더십을 가진 리더는 서로를 위하는 애틋함이 있고 그런 불씨 같은 마음을 퍼트린다. 그리고 불씨는 말 그대로 불의 씨앗이기 때문에 언제라도 불이 탈 만한 장작만 넣어준다면 다시 화르르~ 아주아주 뜨겁게 타오른다고 했다. 그래서 많은 사람에게 큰 도움을 주는 씨앗이 바로 불씨라고 했다.

유 팀장은 '불씨 하나에도 큰 깨달음이 있구나.' 하고 생각했다. 불씨 같은 리더라고 하니 왠지 생명력이 끈질기고 사람들에게 언제나 따뜻함을 주면서 어두운 밤에도 지켜주는 그런 느낌이 들었다.

"그런 사람이 바로 요즘 시대에 필요한 진정한 리더야. 너도 회사에서 '어떤 리더가 되고 싶다.'라고 생각을 했다면 이 불씨 리더십을 꼭 한 번 생각해봐. 더욱 성장하는 리더로의 첫 걸음을 관계로 풀어냈다면 그 그릇에는 훌륭한 리더십을 담아야지."

"네, 그렇네요. 이제 리더십을 통해 제가 더욱 큰 관계를 만들어가게 되겠군요."

"현대 사회는 정말 빠른 트렌드 변화를 겪는 세상이야. 그래서 인간의 존엄성이 떨어지고 삶이 힘들게 느껴지지. 그래서 이러한 사람들을 불쌍히 여기는 마음과 그들을 구하고자 하는 뜨겁고 지혜로운 리더가 필요한 세상이 되었지. 이제 우리가 가야 하는 리더십은 어떤 모습일지 프로메테우스의 불씨에서 그 의미를 생각해보자는 게 바로 내가 너에게 말하고 싶은 불씨 리더십이야."

"불씨 리더십! 너무 좋습니다. 불씨 같은 리더! 뜨거운 리더! 유!건!우! 하하하."

"마음을 움직이는 리더십의 비밀, 불씨 리더십"

리더십의 본질은 사람의 마음을 움직이는 것

– 누군가를 따르게 만드는 영향력이란 진정성과 신뢰에서 생긴다.

– 불씨는 자유와 이타심을 상징한다.

– 잘 조절하면 삶을 풍요롭게 만드는 불처럼 현대 사회에 필요
한 것이 바로 불씨 리더십이다.

– 빠르게 변화하는 세상에서는 인간의 존엄성이 떨어진다.

– 사람을 구하고자 하는 뜨겁고 지혜로운 리더가 필요한 세상이 되었다.

– 우리가 추구해야 하는 리더의 모습을 불씨를 떠올리며 의미를 생각해보자.

- -

- -

- -

이 제 부 터   당 신 도   W I N W I N 하 라 !

관계술사의 비밀

유 팀장은 갑자기 관계술사가 이제 헤어진다고 이야기해서 깜짝 놀랐다.

"같은 이야기를 다시 하게 만드는군. 그러니까 이제 너와 만나지 못한다고."

"관계술사님, 그게 무슨 말씀인가요? 헤어지다니요? 이렇게 갑자기요?"

"아니, 나와 천년만년 함께할 줄 알았나? 이제 너도 관계에 대해서 제법 고수가 되었으니 내가 더 이상 필요 없을 것 같은데?"

"필요 없기는요. 아닙니다. 아직 전 멀었어요."

"하하하, 네 녀석이 멀었다고 생각하는 것과는 상관없이 이제 더 이상 너에게 가르쳐줄 만한 것도 없어. 이제는 네가 얼마나 실천하는가에 달렸지."

"이거 너무 갑작스러워서…."

관계술사는 그렇게 말하고 난 뒤 잠시 동안 아무 말도 하지 않았다. 그리고 지긋이 유 팀장을 바라보면서 미소를 지었다. 어색한 기분에 어쩔 줄 모르는 유 팀장이 먼저 말을 꺼냈다.

"근데 왜 못 만난다는 건지⋯ 전 너무 급작스러운데⋯ 그러고 보니 이 모든 일들이 왜 일어난 건지도⋯ 설명해주실 수 있으신가요?"

"빨리도 물어본다. 그런 질문은 처음 시작하기 전에 말했어야지."

유 팀장은 처음에 도저히 말할 수가 없었다. 왠지 놓치면 안 된다는 생각도 있었고 말하지 않아도 알 것 같은 느낌도 있었다.

"아⋯ 그게 그때 타이밍을 놓쳐서 다시 여쭤보기가 어렵더라고요. 나중에는 긴가민가 싶기도 했고 어느샌가 익숙해져버렸네요. 처음에 왜 그랬는지 모르겠지만 그냥 관계술사님이시구나 하고 그냥 믿어버린 것 같습니다. 지금도 그것에 대해서 다른 생각은 안 납니다. 생각해보니 이상하네요. 하하하."

"음⋯ 무엇부터 이야기해야 좋을지 모르겠네⋯ 사실 나도 믿기지 않으니까⋯."

관계술사는 다시 말이 없어지고 고민에 휩싸인 듯했다.

"이야기를 해줄까 말까 고민을 해봐도 뾰족한 수가 없구만. 그래 내가 차근히 한번 이야기를 들려줄 테니 들어봐. 나는 사실 미래에서 온 것인지 다른 차원의 우주에서 온 건지 알 수는 없지만 아주 명확한 건 내가 유건우라는 사실이야."

"네? 뭐라고요? 제가 유건우인데요?"

"그래. 너도 유건우지. 그런데 나도 유건우야."

"네? 무슨 이야기인지? 동명이인인가요?"

"나도 여기에 어떻게 오게 됐는지 알지 못해. 내가 사는 곳에 있는 놀이터에 있다가 갑자기 여기로 오게 된 거니까. 그래서 우리가 항상 여기 놀이터에서 만나게 된 거지. 처음에는 너를 보고 깜짝 놀라서 꿈이라고 생각했는데 이런 일이 반복되니까 나도 무슨 일인가 했어. 그런데 아직 관계에 서툰 젊은 시절의 너를 보고 '너에게 관계술을 제대로 알려주기 위해서 온 것이 아닐까?'라고 생각했지. 다중우주라고 들어봤나? 그래서 여기를 오는 이유가 너 때문이라면 '네가 관계술을 다 배우면 이제 만날 수 없겠다.'라고 생각하게 된 거야. 그리고 오늘 너에게 관계술을 다 알려주었지."

유 팀장은 관계술사가 한 말을 다시 생각하면서 이게 무슨 이야기인가 싶었다. 사실 처음부터 이상했지만 이런 이야기를 누가 쉽게 믿을 것인가? 자기에게 이런 일이 일어났다는 사실이 오히려 지금 꿈꾸고 있는 것은 아닌가 생각했다.

"그래서 이제 헤어져야 한다고 말씀하셨군요."

"내 생각에는 아마 오늘 이후로 다시 여기 오지는 못할 거야. 혹시 모르지 다시 올 수도 있겠지만 내 예감은 아니라고 하는군. 내 인생에 가장 기적 같은 선물이 나에게 주어진 거야. 너의 미래가 어떻게 바뀌게 될지는 모르겠지만 적어도 네가 원하는 삶을 살았으면 좋겠어. 왠지 나도 이제 내 남은 삶이 달라질 것 같은 생각이 드는군."

"너무 갑작스럽고 너무 믿기 어려운 이야기입니다만, 관계술사님에게 배운 관계술은 절대 환상이 아니라는 것은 확실합니다."

그때였다.

"여보! 여기서 뭐 해?"

등 뒤에서 와이프가 나타났다.

"어? 자기가 여기 무슨 일이야?"

"집으로 가는 길인데 지나가다가 봤지. 집에 안 가고 뭐 하고 있어? 관계술사님이던가? 그분 만나러 가는 거야?"

"관계술사님은 만났지. 그래서 이야기 나누고 있잖아."

"관계술사님을 만났다고? 나도 얼굴 좀 뵐 수도 있겠네? 우리 남편을 이렇게 많이 바꿔주신 분이라 한번 뵙고 싶었는데."

"하하하. 아니 여보. 옆에 계신 이분이 바로 관계술사님이셔."

"옆에 누구?"

"무슨 소리야? 바로… 여기… 엇!"

"옆에 누가 있다는 말이야?"

유 팀장은 방금 옆에 있던 관계술사가 갑자기 사라진 빈 벤치만 보였다.

"아니? 여기 방금 계셨는데…."

"자기야, 여기에 내가 저기서부터 오는데 아무도 없었어. 그냥 자기 혼자 있던데? 자기 괜찮아? 갑자기 왜 그래? 무섭게?"

유 팀장은 갑자기 너무너무 황당해졌다. 와이프는 걱정되는 눈빛으로 유 팀장을 쳐다보았다.

'아니 도대체 어떻게 된 거야? 금방 내 옆에 있던 관계술사님이 갑자기 없어지다니… 관계술사님의 말이 다 사실이었나?'

"응 괜찮아. 좀 쉬면 괜찮을 것 같아."

'방금까지 이야기 나누던 관계술사님을 와이프는 못 봤다고 했는데 와이프가 진짜 못 본 건지, 와이프가 나타나서 관계술사님이 갑자기 사라진 건지 도통 알 수가 없네… 혹시 관계술사님의 존재 자체가 나의 환상이었나? 관계술사님의 다중우주 이야기가 나도 황당했는데 그 이야기를 누가 과연 믿어줄까….'

관계술사가 이야기한 내용을 와이프에게 이야기한다고 과연 와이프가 이해할지 유 팀장은 고민이 되었다. 이해도 못 할 이야기를 괜히 꺼내봤자 더 이상하게 생각할 것 같았다.

"요즘 무리를 했더니 내가 잠깐 여기서 졸았나 봐. 꿈을 꿨는지 순간 헷갈렸네. 하하하."
"그래, 요즘 너무 무리하는 것 같더라. 얼른 집에 들어가서 쉬자. 병원에는 안 가봐도 괜찮겠지? 병원에서 링거라도 맞을까?"
"집에서 좀 쉬면 괜찮아질 거야."

유 팀장은 와이프와 함께 집으로 돌아갔다. 유 팀장은 집으로 돌아가서도 자기에게 일어난 일이 너무나도 이상해서 얼빠진 사람처럼 멍하니 누워 있었다. 와이프에게는 약한 감기 기운이 있다고 말하고 일찍 누워서 생각해보았지만, 도저히 답을 낼 수가 없었다. 그동안 배운 것들이 너무나도 명확한데 실존하지 않았다고 생각할 수도 없고 그러한 방대한 내용을 스스로 생각해 내었다고도 상상할 수 없었다. 분명히 관계술사는 존재한 게 틀림이 없다는 생각이 들었지만, 너무 터무니없는 일이라 쉽게 인정하기 어려웠다.

유 팀장은 그 이후로 몇 번을 다시 그 놀이터에 가보았지만 관계술사는 다시 볼 수가 없었다. 혹시나 해서 주변을 계속 돌아다녀 봤지만, 결과는 마찬가지였다. 다시 벤치에 털썩 주저앉은 유 팀장은 아무도 없는 놀이터에서 나타날지 안 나타날지 모르는 사람을 기다리면서 그동안 자신에게 일어난 일들을 차근차근 돌이켜보았다.

'관계술의 6가지 비밀, WINWIN! 그래 그것은 절대로 허구가 아니다. 내 머릿속에 관계술 6가지 모든 것이 명확하게 남아 있다. 내가 이 관계술로 사람에 대해서 다시 생각하고, 이치를 깨닫고, 행동이 변하게 된 것도 명확하다. 그래… 관계술사님은 허구가 아니라 정말 존재하고 나에게 의미가 있는 실제 사람이라고 생각하자. 나에게 남기고 간 것들이 그것을 증명하니까. 그만 생각하고 그만 고민하자. 관계술사님이 내게 주신 메세지도 결국 실천하고 행동하라는 것이니까….'

관계술사가 유 팀장에게 남긴 것

요즘 유 팀장은 관계술사에게 배운 관계술의 6가지 비밀 WINWIN으로 책을 쓰고 있다. 관계술사에게서 배운 것들을 하나하나 정리하면서 개인 블로그에 올려두었는데 그게 사람들에게 입소문이 나면서 책까지 출간하게 된 것이다.

유 팀장이 그렇게 책을 내게 된 가장 첫 번째 계기는 얼리버드클럽이라는 새벽 기상 모임에 참여하면서다. 그 모임은 세상의 아침을 깨우는 리더들의 모임이라는 취지로 만들어졌다고 한다. 새벽마다 사람들이 모여서 새벽 5시부터 6시까지 온라인으로 접속하면 그 1시간 동안 자신이 하고 싶은 일들을 하면서 자신만의 1시간을 오롯이 가지는 모임이다. 누구는 책을 읽고, 누구는 글을 쓰고, 어떤 이는 운동을 하기도 하면서 세상의 문자나 메세지, 전화에서 벗어나서 자신에게 오롯이 집중하는 1시간을 가져보자는 취지였다. 그 활동을 통해 유 팀장은 자신에게 더욱 집중할 수 있었고 관계술을 차근차근 블로그에 적어 올리게 된 것이었다. 세상에 성공한 사람들이 왜 새벽형 인간이 많은지 그리고 자신의 1시간을 가지는 것이 왜 중요한지 알게 되었다.

얼리버드클럽 멤버 중에 책을 출간한 사람에게 자극받은 유 팀장은 자신도 책을 한번 내보자고 마음을 먹었다. 그러자 신기하게도 주위에서 책을 쓰는 노하우를 알려주는 사람도 나타나고, 함께 책을 쓰자고 하는 사람도 나타났다. 정말 이 우주는 내가 마음먹는 걸 도와주기 위해 존재한다는 것을 확실히 느끼게 되는 순간이었다.

그렇게 몇 달을 끙끙거리며 글을 쓰고 있었는데 이제야 끝이 보이기 시작했다. 이런 새벽같이 일어나는 얼리버드클럽을 예전 같았으면 상상도 할 수 없었을 텐데, 관계술을 통해 자신을 변화시키고 행동하게 되니까 이런 도전까지 할 수 있는 자신감까지 얻게 된 것이다. 그렇게 스스로가 변하고, 주위가 변하고, 삶이 바뀌는 모습을 보면서 유 팀장은 스스로가 주인공이 되는 삶이란 것이 무엇인지 깨닫게 되었다. 그리고 그 주인공은 혼자서는 이룰 수 없고 주인공을 위한 조연과 다른 배역이 존재해야 비로소 의미가 생기는 것이며 결국 관객이 존재하기 때문에 가치가 생긴다는 것도 알게 되었다.

'책을 쓰다 보니 이제야 알겠구나. 관계술사님이 내게 주려고 했던 것은 관계술 자체가 아니라 당신의 관계술을 통해 나만의 관계술을 만들기를 바라셨구나⋯.'

유 팀장은 진정한 자신만의 관계법을 찾는 것이 중요하다는 것을 새삼 깨달으면서 책뿐만 아니라 주위의 많은 사람에게도 스스로 모범이 되기도 하고 또 관계술에 대해서 알려주기도 했다. 하지만 자신 스스로가 돌아볼 수 있는 거울 역할의 중요성을 꼭 강조하면서 자신만의 관계법을 찾도록 강조했다. 그렇게 유 팀장은 회사원뿐만 아니라 관계술의 전문가로서 작가의 길을 함께 걷게 되었다. 자신의 한 걸음 한 걸음 속에서 더 많은 사람이 함께하는 의미를 찾을 수 있도록 말이다.

나를 살리고 서로 도우며 승리하라

당신과 함께 리무진을 타고 싶어 하는 친구는 많겠지만 진정 당신이 원하는 친구는
리무진이 고장 났을 때 함께 버스를 타줄 사람이다.

- 오프라 윈프리 -

관계술은 결국 나를 찾고 다시 새로운 나로 태어나게 하는 방법입니다. 새로운 나로 태어나기 위해 여러 가지 시도를 하고 실수도 하면서 차근차근 재미를 찾아가는 여행과 같습니다. 관계술의 비밀을 통해 자신을 잘 알게 되고 관계에 대해 깨달음이 있었다면, 이제는 서로를 도우면서 함께 승리하는 상생의 철학을 실천하시는 일만 남게 되었습니다.

누군가를 죽이거나 짓밟고 성공하는 비즈니스는 전쟁이지 비즈니스라고 할 수 없습니다. 오로지 서로에게 이익이 되는 것을 비즈니스라고 부를 수 있습니다. 지금 당신의 비즈니스가 서로에게 모두 윈윈하고 있는

지 살펴보십시오. 이제는 경쟁의 시대를 지나 상생의 시대입니다. 함께 살아남지 못하면 혼자서도 살 수가 없습니다. 대협업의 시대에서 가장 중요한 관계술을 익히신 여러분들에게 앞으로 끊임없이 실천하고 행동하고 성과를 얻으시길 응원합니다.

우리는 수영을 책으로만 배울 수 없습니다. 책을 보면 관련해서 지식은 늘겠지만, 책만 본 사람을 물에 넣으면 스스로 수영을 할 수는 없습니다. 직접 물도 먹고 허우적거리면서 물과 친해져야 수영을 할 수 있습니다. 관계도 마찬가지입니다. 여러분들이 배운 관계의 지식을 단순히 정보로 두지 말고 직접 행동하고 실천하면서 여러분만의 고급 스킬로 만들어가시길 바랍니다.

상생, 즉 윈윈은 정말 위대한 시스템입니다. 지금까지 외롭게 삶을 살았다고 느끼신 분들이라면 더욱 이 '함께'라는 의미를 꼭 체험하셔야 합니다. 왜 인간들이 함께 모여 사는지 협업과 공동체를 이루고 사는지 보시기 바랍니다. 공동체 생활의 가장 핵심 정신이 바로 윈윈이라는 것은 이제 잘 아시겠지요? 윈윈을 통해 여러분들의 삶이 더욱 충만하고 즐거워질 거라고 믿어 의심치 않습니다.

지금 당신의 비즈니스가
서로에게 모두 윈윈하고 있는지 살펴보십시오.

이제는 경쟁의 시대를 지나 상생의 시대입니다.

함께 살아남지 못하면 혼자서도 살 수가 없습니다.

관계 다이어트를 위한 테스트

독자 여러분, 유 팀장입니다. 이대로 혹시 책이 끝나나 해서 아쉬운 분들이 계신가요? 그래서 관계술사님은 떠났지만 제가 새로운 관계술사가 되어 여러분들에게 몇 가지 더 알려드리려 합니다. 그중에 하나가 관계 테스트입니다. 이 책을 보시면서 나는 지금 관계가 어느 정도 잘 맺어져 있는지, 주변 사람들과 관계가 좋은지 궁금하지 않으신가요?

옛날 우화에 어느 부잣집 정승에게 천방지축 아들이 하나 있었습니다. 아들은 하라는 과거공부는 안 하고 친구를 너무 좋아해서 친구들과 어울려 매일 술을 먹으러 다녔습니다. 정승은 그런 아들을 교육시키기 위해 고민하다가 한 가지 꾀를 내게 되었습니다. 돼지 한 마리를 잡아 가마니에 둘둘 말아 지게에 실어서 아들에게 주었습니다.

"이 지게를 지고 네가 매일 술 마시러 만나는 친구들을 찾아가보아라. 그리고 지금 실수로 사람을 죽여서 시체를 숨기고 몸도 좀 숨기려고 하는데 며칠만 숨겨달라고 말해보렴."

아들은 호기롭게 마을을 돌아다녔지만 정말 단 한 명의 친구도 자신을 도와주지 않았다고 합니다. 그 길로 아들은 정신을 차리고 공부해서 과거에 급제하게 되었다는 이야기입니다.

이 우화가 무엇을 의미하는지 여러분들은 잘 알고 있다고 생각합니다. 사람들이 보여주는 가면에 속아서 관계를 착각하고 살면 안 된다는 이야기입니다.

위의 우화를 응용해서 여러분들도 여러 가지로 한번 테스트를 해보길 권해봅니다. 지금 나의 주위에 있는 사람들은 나의 어떤 면을 보고 나와 함께 연락하는지 알아보세요. 그리고 앞으로 함께하실 사람들만 걸러내고, 걸러낸 사람들에게 집중해서 관계를 집중적으로 구축하시길 추천합니다. 참고로 저도 테스트했을 때 생각보다 사람이 별로 없었답니다. 세상이 다르게 보였죠. 정신적인 충격이나 실망감 그리고 부끄러움 등이 한동안 저를 힘들게 했습니다. 전 정말 쉬운 테스트라고 생각했거든요. 여러분들도 여러분들의 신용이 깨지지 않는 범위 내에서 꼭 한번 해보시길 권해봅니다. 그리고 테스트가 끝나면 상대방에게 잘 설명해야 하는 것도 잊으시면 안 됩니다.

이러한 테스트를 통해 여러분들의 관계를 한번 정리해보시길 응원합니다. 그것이 바로 관계 다이어트입니다. 우리가 자신 몸에는 다이어트로 많은 돈과 에너지 그리고 시간을 투자하지만, 자신의 인맥이나 관계에는 그만큼 투자하시지 않는 것 같습니다. 핸드폰에 수천 개의 전화번호가 있어도 정작 지금 내가 전화하고 소통하는 사람들은 몇 분 정도 되시는지 한번 살펴보세요.

내가 보여주고 싶은 나의 모습, 페르소나

관계 테스트를 통해 우리가 알 수 있는 것은 우리가 관계라는 것을 착각하면서 사는 경우가 많다는 것입니다. 왜냐하면 사람에게는 '페르소나'라는 것이 있기 때문이죠.

페르소나는 그리스 시대 배우들이 연극에서 사용하는 가면을 말하는 것인데, 현대에 와서는 보여주고 싶은 자신의 이미지를 의미합니다. 요즘 SNS에서 이미지 관리하는 사람들이 많습니다. 본질은 다르더라도 자신이 원하는 모습으로 보이면 좋겠다고 생각하며 만드는, 이미지 관리를 위한 가면이라고도 할 수 있습니다. 그래서, 사람들이 보여주는 페르소나라는 것으로 인해 관계를 착각하고 있는 경우가 많습니다.

페르소나가 사람들에게 거짓된 모습을 보여주면서 남을 속이는 것이 아닌지 생각하실 수 있습니다. 하지만 페르소나가 완전 거짓된 모습이라고는 할 수가 없습니다. 그것도 어떻게 보면 자신의 모습이기 때문이죠. 자신의 한 부분 중에 보여주고 싶은 것만 보여주는 것도 어쩌면 페르소나라고 할 수도 있습니다. 평소에는 소심한 사람들이 SNS에서는 사진이나 동영상으로 대범한 모습을 보여주는 것은 요즘엔 어느 정도 이해할 수 있는 부분입니다. 그런 조금은 왜곡되고 자신이 원하는 모습의 가면 뒤에 숨으면서 자신을 보호하고 싶은 마음은 보통 사람의 본성이라고 할 수도 있기 때문입니다. 하지만 그것으로 범죄를 저지르면 안 됩니다. 남의 사진으로 사기를 쳐서 다른 사람에게 피해를 끼치는 사람도 있으니까요.

연예인들도 평소에 보는 모습과 방송에서 나오는 모습은 다르다고 합니다. 방송이나 연예계도 사실 이미지로 먹고살기 때문에 대중이 원하는 이미지를 계속 트레이닝하고 그러한 모습을 보여주는 겁니다. 그래야 인기라는 것을 얻을 수 있고 돈도 벌 수가 있으니까요.

그리고 여러분들은 평소에 이미지 관리나 퍼스널 브랜드 같은 이야기를 많이 들어보셨나요? 요즘은 보통 사람들도 그런 자기 이미지 관리를 많이 합니다. 자기 이미지 관리에 관련된 책이나 방송 혹은 유튜브 채널들도 많이 나와 있습니다. 어떤 사람들은 학원에 가서 배운다고 하던데 그만큼 개인의 대인관계 이미지는 정말 중요한 것 같습니다.

사회생활을 잘하기 위해 사람들은 대인관계 같은 보이는 모습까지 신경을 쓰고 심지어 전략을 세워야 한다고 이야기들 합니다. 그리고 그런 모습이 사회생활을 잘하는 것이라고 못 박아서 이야기하니까 그게 맞는 모습처럼 생각하게 합니다. 이처럼 이제는 자기 이미지 관리를 못하는 사람은 사회에서 살아남지 못한다고 말합니다. 그래서 많은 사람이 그런 것에 자극받아 부단히 노력하지만 결국 자기 자신의 본성을 속이면서 끝까지 가기가 쉽지 않습니다. 그래서 한순간에 무너지는 사람들도 많습니다. 신뢰는 쌓기는 어렵지만 무너지는 건 순식간이기 때문입니다.

연예인 중에도 잘 나가다가 한 방에 공공의 적이 되는 사람들이 있습니다. 마약이나 도박, 음주운전 같은 걸로 언론에서 한순간에 사라지는 스타들이 많습니다. 만들어진 이미지라고 하는 것이 그렇게 허망한 것입니다. 그래서 자신의 본질을 알고 자신의 본성을 살펴보는 것이 중요하지요. 그래도 페르소나라고 하는 것이 결국은 관계를 잘해보려고 하는 마음도 있는 것이라 좋은 의미에서는 목표를 두고 노력하는 것이라고 할 수도 있습니다. 보이는 모습이 가짜가 아니라 진짜 그런 모습이 되기 위해 노력해서 나중에 진짜 이뤄낸다면 아주 좋은 것일 수도 있습니다.

우리가 흔히 말하는 브랜드나 아이덴티티 같은 것들도 사실 어떤 인식되고 싶은 이미지를 만들어내는 것이라고 할 수 있습니다. 그래서 자신의 페르소나를 어떻게 잡고 노력하는가는 스스로에게 도움이 될 수도 있습니다. 말 그대로 앞뒤가 다르면 곤란하지만 그 차이를 메꾸어 나가는 노력도 중요한 것이죠.

그래서 지금 자신의 위치를 알아야 앞으로 갈 방향이 정해질 수 있습니다. 우리가 차를 타고 내비게이션에 주소를 입력할 때 가고자 하는 곳의 주소도 입력하지만, 지금 내가 있는 현재의 위치를 모르면 가야 하는 경로라는 것 자체가 만들어지지 않습니다.

지금 여러분의 위치는 어디이신가요? 그리고 어디를 향해 가고 계신가요?
보통 사람들이 방황하는 가장 큰 이유가 바로 현재 지점을 알기가 쉽지 않기 때문입니다. 자기는 어디라고 상상은 하지만 알 수 있는 측정치가 없기 때문입니다. 그래서 자기가 있는 지점을 명확하게 알기 위해 끊임없이 탐구하는 것이지요. 그리고 목표로 하는 지점도 명확하게 알아야 합니다. 목표지를 정확하게 정해야 현재 위치에서 어떻게 갈지 정할 수 있기 때문입니다.

방향이나 목표 없이 어디로 가고자 하는 방향이 흐려지면, 마치 밤바다에 표류하는 배처럼 되고 맙니다. 시커먼 밤바다에서 어디가 어딘지 모르는 돛단배처럼 말이죠. 그런 배는 바다에 부는 모든 바람이 다 역풍이 되고, 험난한 파도와 같은 괴로움이 연속되어 나타나게 됩니다. 그래서 지금 여기는 어디이고, 나는 어디로 갈 건지 아는 것은 매우 중요합니다. 내 인생의 내비게이션을 켜고 가장 최적화된 길을 실시간으로 검색하시기 바랍니다.

나의 미래를 만나는 명상 여행

자신의 내비게이션을 켜기 위해 나의 목적지를 아는 것은 정말 중요합니다. 그러기 위해서는 여러 가지 방법이 있지만 명상을 통해 미래를 한번 다녀와 보는 것도 좋은 방법입니다. 저는 이 명상을 '타임머신 명상'이라고 합니다. 저도 처음에는 어려워서 우리 와이프에게 리딩을 부탁했었습니다. 우리 와이프가 진행하는 방법에 맞춰서 같이 한번 해보실까요? 실제로 코칭에서 사용하는 방법입니다.

"와이프~ 리딩 잘 부탁드립니다."
"자~ 내 앞에 와서 편하게 한번 앉아봐."
"네~"
"자~ 앉았으면 이제 내가 하는 말에 따라서 한번 상상을 해보는 거야.

일단 눈을 감고 내가 하는 말을 잘 듣고 상상해봐."

 우선 숨을 깊~게 들이쉬고~ 크게 후~ 내쉬고…

마음을 릴렉스 하는 거야…

마음이 가라앉고 진정이 되면

머릿속으로 상상의 여행을 시작할게.

 '푸르고 푸른 잔디가 뒤덮인 큰 언덕이 있습니다.'

'당신은 그 언덕을 따라 올라가고 있습니다.'

 '그 언덕 위에는 아주아주 큰 나무 한 그루가 있습니다.'

'그 나무를 향해 당신은 걸어가고 있습니다.'

 '그 나무에 다다르자 그 나무 밑에서 하얀색 문을 하나 발견하게 되었

습니다.'

'그 문의 손잡이는 황금색으로 빛나고 있습니다.'

 '그 황금색 문손잡이를 돌리자 문이 스르륵 열립니다.'

'열린 문을 밀고 그 안으로 들어갑니다.'

'열린 문을 들어가니 그 안은 아주 먼 미래의 장면인 것을 알게 되었습니다.'

'눈앞에 크고 멋진 호텔의 연회장이 나오고 당신은 그 연회장의 강단 앞으로 걸어가고 있습니다.'

'그 연회장 안에는 정말 많은 사람이 가득 와 있습니다.'

'그 사람들을 살펴보니까 내 가족, 지인 등 정말 내가 진심으로 성공하기를 바라던 사람들입니다.'

'오늘은 알고 보니 나의 성공을 축하해 주기 위해 많은 사람이 모였고, 그 사람들은 모두가 내가 성공한 것에 대해 진심으로 기뻐하면서 박수도 치고, 성대하게 환호를 해주고 있습니다.'

'사진기자와 방송국에서도 나와서 플래시를 터트리며 나를 찍고 있습니다.'

'이 자리는 큰 성공을 이룬 나를 축하하고 기뻐해주는 자리입니다.'

'사람들의 박수를 받으니까 이때까지 인생을 살아오면서 힘들었던 모든 것들을 다 인정받으며 위로가 되었습니다.'

'한참을 그렇게 사람들과 악수를 나누고, 축하를 받습니다.'

'그리고 이제 다시 조용히 그 강단에 올라 내가 들어온 문으로 돌아갑니다.'

'그 문을 다시 열고 조용히 그 문을 나옵니다.'

'문을 나오니 따뜻하고 시원한 바람이 살랑이는 것을 느끼게 됩니다.'

'그리고 내가 걸어왔던 언덕을 다시 내려옵니다.'

이제 조용히 숨을 크게 들이쉽니다.

다시 내쉽니다.

그리고 조용히 눈을 떠봅니다.

"자…. 지금 기분은 어때?"

"음… 뭔가 굉장히 따뜻하고 잔잔한 기쁨이 폭포수처럼 가슴속 저 밑에서 차오르는 게 느껴져… 마치 엄마 품 같은 따뜻하고 편안함이 느껴지네…."

"뭔가 눈가에도 눈물이 살짝 맺히는 것 같은데…."

"잃어버렸던 소중한 물건을 찾은 기분이야."

"그 강당에 갔을 때 사람들이 당신의 성공을 어떻게 축하해주었어?"

"내가 정말 많은 사람에게 꿈과 희망을 주었다고 했어. 그리고 나 때문에 인생이 달라져서 성공한 사람들이 다 덕분이라고 진심으로 손을 잡아 줬어. 하… 왠지 모르게 눈물이 올라오네… 마음이 막 기뻐….”

“당신이 정말로 이루고 싶은 것이 그런 것들이라는 것을 알게 되었네. 당신은 사람들이 꿈과 희망을 찾고, 자신들의 삶을 잘 살아가도록 돕고 싶었나 봐.”

“응, 사실 내 꿈은 리더들의 사관학교를 만드는 것이었거든.”

“나는 자기한테 그런 이야기를 처음 들어보는 걸?”

“젊을 때 다들 이루고 싶은 자신들 만의 큰 꿈들이 있잖아? 나도 살면서 그런 것들이 생각처럼 되는 게 아니라고 여기다 보니 점점 잃어버린 거지….”

“자기가 자신의 꿈을 잃어버리고 살았다고 생각하니까 왠지 내가 슬퍼진다.”

“사실 얼마 전에 관계술사님하고 이야기를 나누면서 간만에 기억이 났어. 내가 그런 꿈이 있었다는 것을….”

“잃어버린 보물을 찾는다고 생각하고 다시 한번 도전해보면 어때?”

“에이~ 이제 뭘 해봐~”

“난 당신이 꿈을 이루어가는 모습을 보고 싶은데? 내가 응원 열심히 할 테니까 한번 해봐. 조금 전 했던 그 명상은 실제로 당신의 미래로 다녀오는 타임머신 명상이야."

"그게 실제로 일어난 일이라고?"

"실제로 일어날 일이지. 방금 당신의 꿈이 이루어진 미래에 다녀온 거야."

"아하! 이거구나! 바로 이거! 관계술사님이 말씀한 나의 명확한 목적지 찾기! 고마워 여보. 역시 자기는 나의 동반자!"

와이프는 한창 신이 난 나를 보면서 깔깔깔 웃었다.

"난 당신이 이렇게 즐겁고 에너지 높게 신나 하던 모습이 얼마 만인지 모르겠어. 사회생활이란 게 사람을 변하게 한다고 하지만 난 당신이 안 그랬으면 했거든."

"내가 결혼 초에만 해도 참 꿈 많고 씩씩한 청년이었지."

"지금도 아직 팔팔해 보이는데? 지금도 청년 아닌가? 유엔에서도 60세까지 청년이라던데. 청년의 마음을 가지고 살면 청년이지!"

"그리고 현재 위치도 찾고 싶은데, 그건 뭔가 더 어렵네… 현재 내 위치는 어딜까?"

"음… 이게 도움이 될지는 모르겠는데… 내가 배웠던 코칭을 한번 활용해볼까? 코칭은 현재 모습을 보여주는 거울 같은 역할을 하거든. 그러니까 현재 위치를 아는 것도 같은 원리가 아닐까?"

"오케이. 좋아!"

다시 와이프는 유 팀장을 똑바로 보면서 질문을 시작했다.

"아까 당신이 이루고 싶어 했던 미래의 모습을 다시 한번 떠올려볼까? 사람들의 꿈과 희망을 이룰 수 있도록 도와주는 멋진 리더의 모습을 떠올렸다면, 이번에는 그 모습을 동물로 한번 비유해봐."

"동물? 동물로 비유하면… 음… 난 원숭이가 떠오르네. 그 〈혹성탈출〉인가 그 영화에 나오는 주인공 있잖아? 시저였던가? 그 원숭이가 나중에 사람처럼 지능이 생겨서 다른 원숭이들을 똑똑하게 가르쳐주고 군대도 만들어서 사람들과 대치하잖아? 어마어마한 카리스마가 있었던 걸로 기억이 나거든. 그 주인공이 생각이 났어."

"우와~ 그런 모습이 우리 남편이 되고 싶은 모습이었나 보다. 그럼 이제 그 원했던 미래의 모습을 10점 만점에 10점이라고 했을 때, 현재 지금의 모습은 몇 점이라고 생각이 들어?"

"현재 점수라… 한 5점 정도?"

"5점이라는 점수를 준 이유는 뭘까?"

"자기 같은 멋진 여자와 결혼도 잘했고 또 회사에서 그래도 인정받아서 부장이라는 자리를 추천받기도 했고… 하지만 아직 내가 생각하기에 관계가 완벽한 것은 아니라서…."

"그럼 현재 모습을 동물로 표현해 본다면 무엇이 생각나?"

"현재의 모습을 동물로 표현하면…. 왠지 곰? 곰이 떠오르네… 근데 아직 동면하고 있는 곰이야. 그래서 지금 방금 막 겨울이 끝나서 동면에서 깨어나려고 하고 있어. 그런 따뜻한 봄이 오는 것을 기다리는 흑곰?"

"나도 그 말을 들으니까 긴 동면의 시간을 견뎌낸 곰이 떠오르네… 지금 그 곰의 마음은 어떤 마음이야?"

"긴 겨울 동안 잠만 자고 있다가 이제 다시 따뜻한 날씨와 숲을 기다리는 마음? 두근거리고 기대하는 마음일 것 같아."

"자기 모습을 동물로 표현하니까 어떤 마음이 들어?"

"왠지 지금 내 모습을 더 객관적으로 바라볼 수 있었던 것 같아. 잠만 자던 곰이 얼마나 뛰어놀고 싶었을까 하는 생각도 들고…."

"와~ 신나게 뛰어놀 생각을 하니까, 나도 왠지 기분이 좋아지는데?"

"이제 얼른 깨어나서 뛰어다니고 싶다!"

유 팀장이 열심히 뛰어노는 곰 모습을 흉내 내었다.

"하하하. 그럼 이제 자신의 현재는 어디라는 생각이 들어?"

"이제 이것도 좀 알 것 같아. 생각해보니까 난 지금 뛰어오르기 위해 준비하는 운동선수랄까? 열심히 연습하고 있었던 것 같아. 나의 현주소는 바로 운동하는 연습장이라는 생각이 들었어! 바로 그거네! 꿈을 이루기 위해 연습하는 중이야."

"와~ 우리 남편이 왠지 이런 쪽으로도 재능이 있는 것 같다. 자기 자신을 너무 잘 찾는데?"

"그건 바로 훌륭한 코치님이 계셔서 그렇지. 정말 고마워 자기야. 이제야 뭔가 숙제를 끝낸 느낌이야. 머릿속이 확 개운해."

"내가 도움이 되었다고 하니 기쁘네. 이야기를 나누면서 당신에 대해서 더 잘 알게 된 것도 있고, 나도 아주 좋았어."

자~ 여러분? 어떠셨나요? 여러분들도 잘 따라와 보셨나요? 물론 진짜 코치님에게 직접 코칭을 받으시는 게 가장 좋지만 이렇게 책을 보시면서 따라해 보시는 것도 경험상 좋다고 생각합니다.

제가 가본 미래는 많은 사람이 저를 축하하고 존경하고 선망의 눈빛을 보내는 성공의 자리였습니다. 그리고 제가 경제적인 부를 많이 이루기보다 많은 사람에게 도움을 줘서 이루어낸 부자의 모습을 보았습니다. 미래의 저는 많은 사람의 꿈과 희망을 키워주고, 그것이 이루어질 수 있도록 도와주는 사람으로서 큰 영향력을 미치는 사람이라는 생각에 정말 감동이 왔었죠. 그래서 사회생활을 하면서 점점 잊고 살던 나의 꿈을 다시 찾을 수 있었습니다. 불가능하다고 꿈을 포기하고 사는 나의 모습을 깨닫게 되는 아주 소중한 시간이었습니다.

이러한 자기 인식(Self-Awareness)은 왜곡된 자신의 시각과 관점을 바로잡고 자신을 살펴볼 수 있게 합니다. 여러분들도 꼭 시간을 내어서 자신의 미래를 한번 다녀와 보시기 바랍니다.

마음의 문은 문손잡이가 안으로만 있다고 합니다. 그래서 밖에서는 열 수가 없습니다. 스스로 안에서 열고 나올 때 비로소 열리는 게 마음이라는 문입니다. 자기 인식을 통해서 결국 스스로 그 문을 열고 나올 수 있습니다. 제가 경험한 것이 자기 인식의 전부는 아니지만 그래도 본질에 조금은 다가선 것이라고 할 수 있을 것 같습니다.

나를 찾아 떠나는 인생이라는 멋진 여행에 재미와 즐거움을 줄 수 있는 여러분들만의 관계술사가 되기를 응원합니다.

"나를 찾고 새로운 나로 태어나게 하는 관계술"

새로움을 위한 시작, 관계 다이어트

– 겉모습에 투자하는 만큼 인맥이나 관계에 투자하자.

– 보이는 것만 믿고 관계를 착각하지 말자.

– 무엇보다 소중한 사람들을 지키는 것이 중요하다.

좋은 관계는 인생의 내비게이션이 되어줄 것이다

- 관계술은 자신을 찾기 위해 떠나는 여행과 같다.
- 사람들이 보여주는 페르소나가 그 사람의 전부가 아니다.
- 자신의 목적지와 현재 위치를 알아야 삶의 내비게이션이 작동
한다.

이 제 부 터   당 신 도   W I N W I N 하 라 !

위너가 되고 싶은 모든 이에게

관계의 질이
곧 삶의 질이다.

- 앤서니 로빈스 -

많은 독자 여러분들이 마지막 결말에서 '이게 뭐지?' 하는 생각을 할지도 모릅니다. 책에 등장한 관계술사가 실제 인물일지, 상상 속의 인물인지 그것은 주인공인 유 팀장만 알 수 있습니다. 그렇지만 허구의 인물이든 실제 인물이든 관계술사가 준 메시지는 명확합니다. 여러분들은 이 책을 통해 관계에 대해서 어느 정도 깊이 생각하시게 되셨나요?

왜 그가 관계술사라 불리는지, 그리고 유 팀장이 스스로 관계술사라는 것을 인식할지는 모두 여러분들이 생각하는 '관계'에 달려 있습니다. 여러분들은 관계술사가 실존하는 사람이라고 생각하시나요? 아니면 유 팀장이 스스로 상상해낸 가상의 인물이라고 생각이 드시나요? 여기서도 제가 드리고 싶은 메시지가 있습니다. 인식과 상상은 세상을 이루는 강력한 에너지라는 것입니다. 실존한다고 믿는 것이나 상상해서 만들어내는 것이나 다를 것이 없다는 것입니다.

관계술사를 만나 유건우 팀장이 변화하는 모습을 보면서 관계라고 하는 것이 왜 중요한지 그것이 우리의 삶과 어떤 밀접한 관계가 있는지 알수가 있습니다. 관계에 대해서 알아가는 과정을 여러분들에게 쉽고 재미있게 전하고자, 허구일 수도 있고 사실일 수도 있는 여러 가지 상황으로 이야기하였습니다만, 자전거와 수영을 책으로 배울 수 없듯이, 관계도 이론만이 아니라 사람들과의 이야기를 통해 배울 수 있도록 관계술을 전달하고자 했습니다. 다소 좀 식상하고 스토리라인에 깊이가 없을 수도 있지만 우리가 살면서 만나는 가장 흔하고 익숙한 장면에서 관계술을 풀어나가고 싶었습니다.

그리고 이 관계를 해결해나가는 방법으로 제가 아직도 배우고 경험을 쌓아나가고 있는 '코칭'이라는 요소를 잘 접목해보았습니다. 관계술사의 질문이나 회사에서 발생하는 여러 상황은 실제 코칭을 할 때 접한 내용이 많이 반영되었습니다. 그래서 코칭을 배우시는 분들이 참고하시면 좋을 내용도 많습니다. 코칭은 컨설팅과도 다르며 멘토링이나 상담과도 다릅니다. 컨설팅이 답을 주는 방법이고, 상담은 치료를 목적으로 하는 방법입니다. 멘토링과 코칭을 많이 혼동할 수 있는데, 멘토링은 수직적인 관계로 선배나 상사로서 자신의 경험이나 지식을 전달하는 방법입니다. 하지만 코칭은 수평적인 관계를 통해 상대방이 스스로 답을 찾아갈 수 있도록 도와주는 방법입니다. 상대방이 이루고자 하는 것들을 더 많이 더 빨리 이룰 수 있도록 파트너십과 같은 마음으로 대화를 나눕니다.

저도 경영 컨설팅을 하면서 많은 대표님과 대화를 나누었지만, 컨설팅으로 그들의 마음과 행동을 바꾸기는 너무나 힘들었습니다. 아마도 그들이 고생하면서 살아온 인생을 부정 받는 것은 그다지 유쾌하지 않기 때문이라고 생각합니다. 자신이 이루어온 성공의 방법에 매여서 자신의 틀을 바꾸지 못하고, 외부에서 변화의 자극이 올 때는 받아들이지 못하고 방어하거나 밀어내시는 본능적인 모습을 보이시는 분들이 많았습니다.

그러던 차에 글로벌 협업 전문가이신 BNI내셔널디렉터 존 윤 대표님의 추천으로 국민대 리더십과 코칭 MBA 석사 과정을 추천받게 되었고 코칭이라는 것을 처음 접하게 되었습니다. 저에게 코칭은 신세계와 같았습니다. 사람의 마음을 처음으로 들여다보고 이해할 수 있게 되었습니다. 그리고, 제일 먼저 변한 것은 저 자신이었습니다. 저 스스로가 어떤 마음인지 처음으로 살펴볼 수 있었습니다. 180도 인생이 변하게 되었다고 말할 정도로 저는 코칭의 매력에 푹 빠지게 되었고 기존의 컨설팅 사업을 아예 비즈니스 코칭으로 바꾸게 되었습니다. 그런데 놀라운 것은 고객이었던 대표님들이 컨설팅할 때는 조금도 변화가 잘 없었지만, 코칭을 할 때는 자신의 마음을 꺼내어 숨김없이 보여주셨습니다. 눈물을 흘리시며 자신이 사업을 해오면서 이렇게 편하게 속 이야기를 하는 것은 처음이라는 분도 많이 계셨고, 스스로 마음을 깨우치고 큰 변화를 일으킨 분도 계셨습니다. 인생이나 사업의 목적을 잃어버리고 번아웃이 오신 많은 분이 코칭을 통해 다시 삶의 목적과 방향을 찾고 신나게 인생을 즐기는 모습을 보면서 참 많은 성취감을 느낄 수 있었습니다.

그렇게 코칭을 통해 많은 사람을 만나면서 그들의 마음을 함께 느끼고 살펴보는 수많은 시간을 통해 저는 '관계'라는 것에 대해서 굉장히 깊은 호기심이 생겼습니다. 마침 그때 글로벌 협업 전문 비지니스 모임인 BNI를 하고 있던 터라 수많은 대표님과 만나는 기회가 있었습니다. 지금까지 대략 3천 명 이상의 대표님들을 만났던 것 같습니다. 그렇게 다양한 성격과 성향의 사람들을 만나다 보니 자연스럽게 '관계'라고 하는 원리가 느껴지고 나름 법칙이 생각나게 된 것 같습니다. 그래서 자연스럽게 관계에 대한 글을 적게 되었고 이렇게 책으로 나오게 되지 않았나 싶습니다.

이 글에서 나오는 '얼리버드클럽'이라는 것은 사실 제가 만든 실제로 운영되는 미라클 모닝 그룹입니다. 지금은 약 100분 이상 단톡방에서 여러 가지 정보를 공유하고 있고, 매일 아침 4시 50분 정도에 줌 온라인에 접속하여 50분부터 10분간 얼리 명상을 하고, 5시부터 6시까지 자신이 하고 싶은 것을 누구의 방해도 없이 누릴 수 있는 자신만의 1시간을 함께 공유합니다.

혼자서 아침에 일찍 일어나는 것이 너무나 어려워서 몇몇 사람과 함께 서로 아침에 깨워도 주고 줌으로 얼굴을 보고 있으면 아무래도 성공할 확률이 높지 않을까 생각하였습니다. 그런데 생각보다 너무 반응이 좋아서 많은 분이 함께하게 되었습니다. 아직도 매일 아침, 주말이나 공휴일에도 자신만의 아침 루틴을 지키며 활동을 계속하고 있습니다.

이렇게 아침을 일찍 시작하다 보니 성공한 사람들이 왜 아침에 일찍 일어나는지 알 수 있게 되었습니다. 새벽에 오롯이 자신에게 집중하는 1시간이 쌓이고 쌓이니 이렇게 큰 힘을 발휘한다는 것을 알게 된 것입니다. 낙숫물에 바위가 뚫리듯이 단단했던 내 무지가 매일 아침 1시간이라는 시간으로 해체되고 새로운 나로 다시 태어나게 만들어주었습니다. 그래서 '세상의 아침을 깨우는 리더들의 모임, 얼리버드클럽'이라는 슬로건까지 만들게 되었습니다. 지금은 누구보다 많이도 아니고 딱 한 걸음 먼저 나갈 수 있는 사람들이 되자는 마음으로 그런 리더가 되기 위해 열심히 노력하고 있습니다. 이렇게 한 걸음 앞서가는 사람들이 분명 세상도 바꿀 수 있다고 생각합니다.

많은 사람이 성공을 향해 달려가고 있습니다. 사실 저도 아직 성공이라는 단어를 붙이기에는 부족한 사람입니다. 이 책을 쓴 이유도 성공해서 나처럼 살아보라는 마음으로 쓴 것이 아니라 오히려 이제 성공을 해보자고 썼습니다. 수년 동안 책을 내야 한다고 말하면서 제대로 글을 쓰지 못하다가, 책을 세 권이나 쓰신 이승열 작가님을 얼리버드클럽에서 만나게 되었습니다. 그래서 직접 책 출간에 관심이 있으신 몇 분이 모여서 '북메이킹클럽'을 구성하였습니다. 그래서 이 책도 그 북메이킹클럽에서 매주 모여 서로 채찍질하면서 시작하게 되었습니다. 다들 작가가 직업이 아니고 본인들의 일을 하면서 글을 쓰다 보니 책 완성이 생각보다 늘어지게 되었는데 그중에서 함께 같이 스터디를 하던 김현상 작가님이 제일 먼저 『당신의 간판은 돈을 벌어주고 있습니까?』라는 책으로 작가의 반열에 오르셨습니다. 그리고 그 책이 여러 서점에서 베스트셀러가 되는 것을 보고 더욱 자극받게 되었습니다. 그래서 더 박차를 가해 이 책을 마무리하면서 저의 첫 책이 나오게 된 것입니다. 이렇게 책 하나를 쓰는 것에도 혼자 실력이 좋아서 되는 것이 아니라 여러 사람의 도움을 받고 자문받아 만들어진다고 이야기하고 싶었습니다. 이 세상에 정말 관계가 아닌 것이 없습니다.

코로나 팬데믹이 지나가고 사람들의 관계법도 많이 바뀌게 되었습니다. 접촉의 관계에서 비접촉의 관계로 바뀌게 된 것입니다. 많은 사람이 접촉이라는 것에 거부감을 느낄 정도로 코로나는 많은 것을 바꾸어놓았습니다. 그중에서 특히 관계에 대해 정말 많이 바뀌었습니다. 예전에는 잔도 돌려 마시고 찌개문화라고 하여 한 냄비에 여러 숟가락을 넣어서 먹는 직접 접촉의 관계문화가 있었습니다. 스킨십이 일어나는 것을 '친하다'라고 생각했던 것 같습니다. 하지만 현대에 이르러 위생에 관한 개념이 많이 성장하면서 이러한 문화는 점점 사라지게 되었는데 팬데믹 이후 완전히 개인으로 바뀌게 되었습니다. 그래서 직접적인 단절과 온라인으로 '가상의 연결'이라는 새로운 개념이 주목받기 시작했고, 메타버스나 가상현실의 개념이 미래의 먹거리로 인정받게 되었습니다. 이러한 시대에 우리는 어떠한 관계를 만들어가야 할까요? 이제 자신을 직접적으로 보여주지 않아도 가상의 캐릭터를 활동시키는 시대가 되었습니다. 이러한 가상의 캐릭터가 마치 실존처럼 활동하는 세상에서 관계의 미래는 정말 어떻게 될지 알 수가 없습니다. 그래서 우리는 서로의 관계에 더욱 집중해야 합니다.

마지막으로 하고 싶은 이야기는 이 세상의 모든 유 팀장님에게 당신의 관계술사를 만나야 한다는 것입니다. 이 책에 나오는 것처럼 놀이터 벤치를 찾아가라는 의미는 아닙니다. 당신의 관계술사는 당신이 알아볼 수도 있고 못 알아볼 수도 있습니다. 나를 관계애송이에서 멋진 프로관계술사로 이끌어 줄 당신만의 관계술사를 만나는 것이 아주 중요합니다. 그것은 사람일 수도 있고 책이나 정보를 통한 것일 수도 있습니다. 여기서 관계는 사람과 사람의 관계만을 의미하지 않습니다. 하늘과의 관계는 영성적인 것을 의미하고 땅과의 관계는 돈이나 물질적인 세상과의 관계입니다. 마지막으로 사람과의 관계를 통해 '천지인'을 완성하는 관계가 있습니다. 저는 사람들이 이 천지인이라는 개념을 통해 열심히 수련했으면 합니다. 이렇게 수련할 때 가장 중요한 것이 바로 '롤모델'입니다. 자신이 생각하는 목표를 이미 이룬 성공한 사람 중에 꼭 되고 싶은 자신만의 롤모델을 선정하는 것은, 내가 가고자 하는 목표의 지름길이 됩니다. 아직 자신만의 롤모델이 없다면 꼭 찾아보기 바랍니다.

여러분! 삶은 축제입니다. 여러분들의 삶이 축제가 되기 위해서는 스스로가 틀에서 벗어나야 합니다. 스스로 관계를 살펴보고 자기 인식이 이루어진다면, 삶은 괴로움이 아니라 여러분들의 어깨춤이 저절로 나게 하는 축제의 하모니가 될 것입니다. 행복하고 신나는 관계 속에서 즐기시고 또 즐기십시오. 인생은 축제처럼 즐기면서 살기에도 너무나 짧습니다.

모든 독자 여러분 감사합니다.

행복하고 신나는 관계 속에서
즐기시고 또 즐기십시오.

인생은 축제처럼
즐기면서 살기에도
너무나 짧습니다.

관계술사 이야기

과거로 돌아가는 타임머신이 있었으면 좋겠다는 생각이 어느 날 갑자기 든 것은 아니다. 과거를 바꿀 수 있었으면 하는 생각은 모든 사람의 바람이기 때문에 새삼스럽지도 않았다. 하지만 그런 일이 실제로 나에게 일어날 것이라고 어떻게 상상이나 했겠는가? 그것도 아주 우연히 말이다. 명확하게 말하면 과거를 바꾼 것은 아니지만 그래도 과거의 나를 조우한다는 것은 마치 공상과학 영화의 한 장면처럼 멋진 일이다. 오늘처럼 저녁노을이 근사하게 지는 날이면 그 녀석 생각이 난다. 그 녀석은 잘하고 있으려나?

잠시 나의 과거를 떠올려보면 30~40세의 젊을 때 나는 나름 촉망받는 엘리트였다. 하지만 누구나 그렇듯이 계속 잘되는 탄탄대로 같은 성공의 길을 걷지는 못했다. 살면서 좌충우돌 여러 가지 일이 많았지만, 그중에서도 가장 힘든 것은 역시 사람들과의 관계였던 것 같다.

지금 생각해보면 나는 소위 일반 사람들이 말하는 '꼰대'였다. 열 받으면 화를 참지 못하는 괴팍한 성격도 한몫했다. 두뇌를 쓰는 전략적인 사고가 장점이다 보니 사람들의 생각보다 한 발 앞서서 생각하는 것을 좋아해서 사람들의 이야기를 잘 경청하지 않았다. 다른 사람들이 이야기하면 조금만 들어도 무슨 말을 할지 알 수 있었다. 그러다 보니 남의 말을 끝까지 듣는 것은 너무 힘들었다. 지겹기도 했고 빨리 다음 단계로 나가고 싶어서 상대방의 말을 잘라먹는 일이 많았다. 내가 제일 많이 하는 말이 "그거 내가 해봤는데, 안 돼!", "그러니까 결론이 뭐야?", "핵심만 빨리 이야기해봐."였다. 그 말이 얼마나 많은 사람의 꿈과 희망을 꺾는 말인지 그때는 몰랐다. 그러던 나에게 큰 전환점이 생긴 것은 내 나이 50이 다 되어서이다.

지금으로부터는 약 30년 전의 일이다. 그때 나는 회사에서 나름 인정받는 이사였다. 대학을 졸업하고 대기업에 취직해서 20년 동안 한 직장에서 승승장구하면서 올라왔다. 그렇게 내가 이사가 되기 위해 얼마나 많이 노력했는지 사람들은 잘 모를 것이다. 평소에 남들보다 몇 시간을 일찍 출근하고 몇 시간을 늦게 퇴근했다. 주말은 당연히 편하게 일하는 날이었다. 쉰다는 건 사치라고 생각했다. 누가 알아주든, 안 알아주든 나는 그 자체가 좋았다. 나를 인정받을 수 있는 일이 있다는 것과 딱딱 떨어지게 일이 끝난다는 것이 나에게는 좋은 성취 동기였다. 그래서 사람들과의 관계도 내가 일하기 위해 목표를 이루어내기 위한 역할 정도로 생각했다. 그래서 관계가 좋을 수가 없었다. 그러니 상대방의 말을 잘라먹거나 끝까지 경청하지 않는 일들이 벌어진 것이다. 그러던 나에게 인생이 뒤바뀌게 되는 대사건이 생겼다. 모든 위기는 내가 이사 발령이 나고 난 이후로 벌어졌다.

그날도 평상시처럼 갓 들어온 신입사원을 혼내고 있었다.

"야! 너는 머리가 장식품이야? 생각이라는 것을 못 해? 이런 놈이 우리 회사에 어떻게 들어왔어? 너 하나 때문에 다른 사람들이 얼마나 피해를 보고 있는지 생각이나 해봤어?"

"죄…죄송합니다. 이사님. 제가 아직 적응을 못 해서…."

"적응 못 하는 게 자랑이냐? 남들처럼 해서 어떻게 남들보다 잘할 수 있겠냐? 더!더!더!더! 노력하란 말이야! 능력이 없으면 근성이라도 보여줘야지!"

"네… 알겠습니다."

"대답만 하지 말고 제대로 좀 하라고! 얼른 가서 일해! 이거 다시 작성해서 가져오고!"

"네… 알겠습니다."

"머리가 안 되면 몸이라도 빠르든가. 뭐 하나 마음에 드는 게 없어."

그 친구가 다른 사원들에 비해서 이해도나 업무 역량이 떨어지기는 했지만 여기 대기업의 기준에 그런 것이지 일반 회사나 중소기업만 가도 나름 잘하는 축에 속할 것이다. 그만큼 여기는 엘리트들이 모인 곳이니 상대적으로 비교가 될 수밖에 없었다. 나는 이런 곳에 왔으면 기를 쓰고 해내야 된다고 생각했다. 나도 그랬기 때문이다. 그러니 신입사원들을 혼내서라도 그 정도 레벨까지 만들어주면, 오히려 나에게 감사해야 되지 않을까? 하는 마음도 있었다. 그렇게 생각하고 또 대수롭지 않게 내 일에만 몰두하고 있었다.

"이… 이사님!! 큰일 났습니다!"

헐레벌떡 대리 녀석이 호들갑을 떨면서 들어왔다.

"야! 정신없게 왜 이래?"

"그… 그 신입이요… 헉! 헉!"

"왜? 신입이 사고 쳤어?"

"오… 옥상에서 뛰… 뛰어내렸어요!"

"뭐?!"

그 말을 듣고 바로 회사 앞으로 뛰어 내려갔다. 말 그대로 회사 앞은 아수라장이 되어 있었다. 경찰과 기자들에 구경하는 사람들까지 우리 회사 앞은 말 그대로 개판 오 분 전이었다.

"도… 도대체 무슨 일이야? 어떻게 된 거야?"

"저… 저도 잘 모르겠습니다. 계속 사이렌소리가 나고 해서 나와봤는데 글쎄 그 신입 녀석이…."

순간 머리가 어질어질해졌다. 탄탄대로 같던 나의 앞길에 이런 일이 벌어지다니….

그 일이 생기고 회사에서 어떻게 된 일인지 자체 조사반이 나왔다. 그 녀석 책상 위에는 아주 칼같이 각 잡힌 하얀색 유서가 놓여 있었다고 한다. 그 유서에는 회사의 압박이 심해서 도저히 살고 싶지 않다고 적혀 있었고, 그 압박의 주인공으로 나는 조사반에 소환되었다. 유서 내용이 세상에 알려졌는데 회사에서 집단 따돌림이나 심각한 신입 길들이기로 인한 인재라는 소문이 언론에 좋은 먹거리로 작용했다.

"이사님, 혹시… 구타나 집단 따돌림 같은 일이 있었나요?"

"그런 건 없었습니다."

"저희도 이사님의 입장을 충분히 이해합니다. 하지만 지금 회사의 내외로 여론이 좋지 않습니다. 회장님도 노발대발하시고요…"

"저보고 책임을 지라는 말씀이신가요?"

"그렇게 해주시면 정말 좋죠… 어떻게 그렇게 해주시겠어요? 잠시 지방에 좀 내려가서 계시다가 언론이 잠잠해지면 다시 본사로 모시겠습니다."

조사반에서 나에게 한 말은 거의 나가라는 의미였다. 지방으로 내려갔다가 다시 본사로 왔던 경우는 없기 때문이다. 알아서 지방에 있다가 그냥 퇴직하라는 말이다. 하지만 지금 상황에서 내가 할 수 있는 것은 아무것도 없었다. 회사는 명분이 필요했고 응당 책임지고 누군가는 희생양이 필요했다.

결국 나는 회사가 요구하는 대로 대구로 발령이 났다. 여론상 회사에 있는 것 자체가 허용되지는 않았지만, 신입사원이 평소 우울증 증세가 있었다는 것이 참작되었다. 하지만 직원의 그러한 상태조차 파악하지 못한 회사의 인사 시스템과 관리 시스템에 대한 여론몰이는 막을 수 없었다. 대기업하면 괜히 일반인들의 적처럼 생각하는 대한민국에서 이런 사건은 사람들에게 정말 좋은 이유를 주게 된다. 그들은 대학을 졸업해서 대기업에 가면 큰 경사가 난 것처럼 생각하지만, 집안에 대기업 관련해서 큰 연관이 없는 사람들은 일반인들을 착취해서 돈을 번 곳이 대기업이라고 말하며 손가락질한다. 참 웃기는 일이다. 내로남불이란 말처럼 자신은 괜찮고 남은 안 되는 이기주의적 정신이 팽배한 곳이 바로 이 대한민국이다.

대구에 내려가서 나의 생활은 거의 폐인이나 다름이 없었다. 어차피 잘릴 회사라 열심히 할 의욕도 생기지 않았고 또 그런 일로 내려와서 그런지 뒤에서 수근거리는 사람들 때문에 도무지 일이 손에 잡히지 않았다. 몸도 망가지고 마음도 망가져 갔다.

그렇게 시간을 보내고 있었는데 결국 대구 지역 대표가 나를 불렀다. 나는 이제 나갈 때인가 보다 하고 생각했다.
"이사님요~. 대구에서 살 만하십니꺼?"

강한 경상도 사투리의 대표는 그렇게 내 안부를 물었다.
"네… 뭐 그럭저럭 살고 있습니다."
"이사님요. 지금 그리 사는 건 사는 게 아이지요. 죽은 기나 마 똑~같다 아입니꺼?"
"그럼… 이제 여기서도 나가야 되는 건가요?"

"아이고~ 내가 나가라고 이야기할라 캤으면 하마 했지요. 내가 오늘 이사님 부른 건 이야기 좀 할라고 불렀심더."

"이야기요?"

"뭐 나가라 이런 이야기가 아이고예, 서울에서 있었던 일 이런 거 마 탁 치아뿌고, 허심탄회하게 이야기 좀 해보입시더."

허심탄회하게 이야기하자는 대구 지역 대표는 내가 점점 망가져가는 모습을 보는 게 너무 안타까웠다고 한다.

"제가 이사님을 처음 본건 대구가 아이고, 서울 본사에서 처음 봤지예."

"서울에서 저를 처음 보셨다고요?"

"예~ 맞심더. 서울 본사에 일이 있어가 올라갔는데 그때 본사에서 이사님을 봤거든예. 그때 이사님의 첫인상이 아주 죽이줬지예. 카리스마가 철철 넘치고 자신감이 마 하늘을 찌를 것 같았지예. 내가 그래가 사람들한테 물어봤다 아입니꺼. 저분이 누구냐고?"

아마도 내가 이사를 막 달고 천방지축으로 뛰어다니던 그때였나 보다.

"내가 대구에서 지사를 한다고 이래저래 치이고 하다 보니까 할 말도 잘 몬 하고 싫은 소리도 몬 하고 완전 등신처럼 살았는데, 이사님을 딱 보니까 내 속이 다 시원하더라고예. 그래가 본사에 앉아가 좀 봤다 아입니꺼. 이사님에 대해가 사람들한테 물어보이 다들 마 호랑이 쌤이라고 카더라고예. 하하하.”

“호랑이 쌤요?”

“야~ 다들 뭐 호랑이쌤 화나면 안 된다고 그라더라고예. 마 다들 벌벌 떠는데 또 다른 이야기도 하더라고예. 그래도 이사님이 교과서라면서 일은 잘 가르쳐주신다고 카믄서, 이사님 밑에서 몇 년 고생하면 어디 가서 제대로 일은 하게 된다고 하데예.”

사실 내 밑에 일 한번 제대로 배워 보겠다고 온 사람들도 꽤 있었다. 물론 오래 버티지 못해서 나간 사람도 많았다. 내 밑에서 몇 년 일한 녀석들은 다들 다른 부서로 전출해달라고 했으니 말이다.

“내가 오늘 이사님을 보자고 한 이유는 여기 대구에 오시게 된 것도 제가 이야기했다 아입니꺼. 이사님이 대구에 좀 내려오셔가꼬 우리 회사에 조직문화를 좀 바까야 되겠다하고 제가 회장님한테 말했지예.”

“저를 대구로 부르신 게 대표님이시라고요?”

“예~ 맞심더~ 바로 접니더. 다들 꺼렸는데 저는 마 탁 손들고 대구로 보내달라고 했지예. 그래가 이사님이 이리 오신 겁니더. 근데 내가 서울에서 본 그런 독불장군 같은 기운은 다 빠지삐고 순 맹탕눈만 해가꼬 하루하루 보내는 거 보니까 내가 속에서 천불이 난다 아입니꺼. 좀 기다리면 될 줄 알았는데 도저히 안 되겠다 싶어가 이래 오늘 함 보자캤심더.”

"…."

나는 뭐라고 할 말이 없었다. 대표가 나를 원해서 불렀다고 한들 다시 의욕이 활활 붙을 일이 없었다.

"그래 앉아 있지 말고 퍼뜩 일어나보이소. 나하고 나갑시데이."

대구 대표는 나를 일으켜서 차에 태워서 어느 쇼핑센터로 데리고 갔다. 그리고는 나에게 운동화와 운동복을 사주었다. 그리고 다시 차에 태워서 운동센터로 데리고 갔다.

"마 딴 생각은 하지 말고 딱 한 달 동안 운동만 하이소. 회사 안 나와도 됩니더. 다만 하루에 딱 3시간씩 운동하이소. 아시겠지예? 여기 이야기해가 오고 가는 시간 다 체크할 겁니데이. 마지막이라고 생각하시고 한 번 해보이소."

그렇게 대표의 권유로 운동을 다시 시작했다. 서울에서 일을 할 때에는 운동이라는 생각을 해본 적이 없었다. 운동할 시간도 아까웠기 때문이었다. 며칠간 운동을 하니 처음이라 온몸이 신음소리를 내질렀다. 죽을 맛이었다. 3시간은 고사하고 30분도 운동하기 힘들었다. PT 트레이너는 그런 나를 혹독하게 운동시켰다. 예전에 몰아세우던 나의 모습이 잠깐 떠올랐지만 정말 온몸이 부서질 것 같은 생각에 잡다한 생각을 할 수가 없었다.

그렇게 시간이 흘러서 1주일 정도가 지났을 때 조금씩 운동에 적응되기 시작했다. 우울했던 마음보다 내 몸에 더 집중하게 되었고 뭔가 가슴저 밑에서 식어있던 내 마음에 뜨거움이 느껴졌다. 성공한 사람들이 대부분 좌절했다가 다시 회복한 첫 행동이 바로 운동이었다고 하던데 왜그런지 알 것 같았다. 그렇게 다시 나는 인생의 전환점을 돌게 되었다.

겨우 한 달이 되었을 때 이제는 내가 원해서 운동하고 싶어졌다. 본사에서 일할 때는 못 느꼈던 경험이었다. 회사 일을 처음으로 손에서 놓고다른 일을 한다는 것 그리고 나에게 집중하는 일을 한다는 것이 모두 신선했다. 아니 처음 태어난 기분처럼 낯설기까지 했다.

"이사님요, 운동 좀 할 만한교?"
"대표님 감사합니다. 요즘 다른 세상에 사는 것 같습니다."
"그라믄 아직도 억울합니꺼?"

그 말을 듣고 갑자기 서러움이 확 올라왔다. 그런 감정을 누르고 누르고 살아왔는데 새삼스럽게 지금 그런 감정에 휩싸이다니… 그렇게 그 자리에서 오랫동안 서럽게 울었다. 대구에 내려와서도 눈물 한 방울 흘리지 않았는데….

"이제사 마음이 지대로 작동을 하는 갑네예… 너무 달리믄 마음이 못 따라갑니데이… 자기가 자기 마음도 몰라주면 누가 알아줍니꺼?"

그날은 그렇게 그 자리에서 계속 눈물이 쏟아졌다. 마치 그동안 울지 못한 눈물을 한꺼번에 울듯이 말이다.

그날 이후로 대표는 나에게 마음공부를 조금씩 시켜주었다. 그렇게 몇 달을 명상도 하고 내 마음에만 집중하고 시간을 보냈다. 그렇게 시간을 보내니 그제야 내가 저지른 일들이 하나하나 부끄러워지기 시작했다. 대표는 그 부끄러운 감정을 숨기지도 말고 누르지도 말고 그대로 느껴보라고 했다. 다시 눈물이 나왔다. 대표는 그런 나를 꼭 안아주면서 등을 토닥여주었다.

그렇게 다시 나는 대구 지사에서 일을 시작할 수 있게 되었다. 그때 시작한 마음공부는 그 뒤로도 꾸준히 해나갔다. 그렇게 마음공부를 하다 보니 자연스럽게 사람들과의 관계에 대한 공부가 깊어졌고 심리학이나 종교 공부까지도 하게 되었다. 그렇게 공부하면서 예전에 살아갔던 방식을 버리고 새로운 유건우로 살 수 있게 되었다. 회사에서도 관계 전문가와 사내 코칭으로 활동하게 되었고 내용이 좋았는지 입소문이 나서 외부에서도 강연이나 코칭 의뢰가 들어왔다. 예전의 삶이 경쟁 속에서 치열

하게 죽고 죽이는 삶이라면 이제는 어떻게 사람을 살리는지 활인의 마음으로 살게 되었다.

대구 지역에서 관계에 관한 전문성을 인정받았는지 곧 본사에서도 요청이 들어오게 되었다.

"내 마 이사님이 이래 될 줄 알았다 아입니꺼? 잘됐심더? 축하합니데이."

"이게 다 대표님 덕분이다 아입니꺼?"

"어? 이제 마 대구사람 다 됐뿟네예? 하하하."

나는 대표님에게 감사의 인사를 했다. 그제야 나에게 그렇게 잘 해준 이유에 대해서 들을 수 있었다.

"제가 왜 이사님한테 이래 했는지 아직도 잘 모르지예?"

"네, 사실 궁금하기도 합니다. 왜 이렇게까지 나한테 잘해주시는지…."

대표는 잠시 말을 멈추더니 다시 말을 이어나갔다.

"사실은 그때 회사에서 뛰내리가 죽은 아가 내 조카라예."

"네?!"

"가가 원래 좀 아가 티미해가 우울증도 좀 있고 그랬거든예? 공부는 그래도 좀 했는데. 그래가 내가 이사님한테 보낼라고 억수로 빽도 쓰고 했다 아임니꺼. 그래가 가가 자꾸 힘들다 힘들다케도 내가 마 거서 뼈를 묻었다 생각하고 끝까지 해바라꼬 엄청 머라 했지예… 그날도 내한테 전화를 했더라고예. 근데 내가 바빠가 못 받았는데… 내한테 문자가 왔더라고예… 미안하다꼬… 마 지가 고거빠이 안 된다 카민서….”

대표의 눈에 살짝 눈물이 고였다.

“그래가 제가 처음에는 얼마나 후회했는지 모릅니더… 그래가 저도 심리 치료받고 배운 게 그 마음공부 아입니꺼, 그게 도움이 되더라구예. 그래가 좀 정신을 차리고 보니까 이사님이 내하고 똑같이 비실비실하시더라구예. 그래서 내 이래 이사님을 바로 운동부터 시킷다 아입니꺼….”

“죄…죄송합니다!!! 대표님, 전 그런 줄도 모르고….”

“아이고, 아입니다. 이사님이 뭐가 잘못한 게 있읍니꺼? 제가 더 잘못했지예. 저 때문에 잘나가던 이사님이 마 좌천된 거나 마찬가지 아입니꺼… 제가 더 죄송합니데이.”

대표가 자리에서 일어나서 나에게 고개를 숙이면서 절을 했다. 나도 벌떡 일어나서 대표를 일으켜 세웠다.

“아닙니다. 대표님. 요즘 제가 과연 서울에서 그렇게 일을 계속했다면 어떻게 되었을까 하는 생각을 많이 해보게 됩니다. 그때 그런 일이 생기지 않았더라면 계속 악착같이 남을 위한 삶을 살고 있었겠지요. 이렇게 제가 저를 알고 새로운 삶을 살 수 있게 된 건 다 대표님 덕분입니다. 전 지금의 제 삶이 너무 행복하고 즐겁습니다. 그러니 오히려 제가 더 감사합니다."

"그래 말씀 주시니까 너무너무 가슴이 다 뻥하고 뚫리는 것 같네예… 고맙심데이…."

대표는 그렇게 대답하고 한없이 눈물을 흘리며 울었다. 예전에 그가 그랬듯이 내가 그의 어깨를 감싸 안아주었다. 그렇게 대표와의 이야기를 끝내고 나오는 나의 가슴도 왠지 이제 기쁨과 감사함으로 가득하다는 말이 무엇인지 알 수 있었다. 나는 그 이후로 얼마 뒤에 회사에서의 일을 그만두고 더욱 본격적으로 사람들과의 관계나 회사의 조직문화 같은 커뮤니케이션 전문가로서 책도 쓰고 강연도 하면서 제2의 인생을 살게 되었다.

그렇게 삶을 살면서 어느덧 80이라는 나이가 되었다. 내 인생에 가장 놀라운 일이 벌어진 그날에도 어김없이 평소와 같은 아침이 시작되었다. 그때의 나는 스스로 돌이켜보면서 젊을 때 놓친 시간에 대해서 아쉬워하며 살 때였다.

내 나이가 벌써 80이라는 사실을 매일 부정해보았지만 바꿀 수 없는 현실이라는 괴리감이 더욱 크게 느껴졌다. 주름 깊이 늙어버린 거울 속의 자신을 보면서 괜히 더욱 우울해지는 날이었다. 젊을 때는 젊은 육체나 마음이 계속될 줄 알았는데 내 부모의 나이가 되었을 때 비로소 내가 걸어온 길이 보였다.

'아… 젊을 때 이런 것들을 미리 깨달았더라면 소중한 사람들을 놓치지 않았을 텐데….'

이런 생각에 잠시 산책하고 놀이터 벤치에 앉아서 쉬고 있을 때였다. 노을이 무척이나 이쁘다고 생각이 드는 그때 잠시 주변이 흐릿해졌다가 풍경이 바뀌었다.

'어? 이제 내가 노망이 들었나? 아니면 기력이 다해서 헛것이 보이나?'

정신을 차리고 주변을 돌아보는데 근처의 벤치에서 왠지 낯익은 사람이 보였다.

'누구지? 낯이 익은데?' 그렇게 생각나지 않다가, '엇? 저거 나야?'

정말 깜짝 놀랐다. 내 젊을 때 모습 그대로였다. 처음에는 꿈이라고 생각했다. 하지만 너무 생생해서 꿈이 아니라고 생각했는데, 이 상황 자체가 이해가 안 되었다.

'왜? 나한테 이런 일이?'

일단 젊은 나를 관찰해보기로 했다. 그런데 이 녀석을 가만히 살펴보니까 내가 젊을 때 살아온 것과는 조금 다른 삶을 사는 것 같았다. 벤치에서 괴로워하고, 혼자서 찌질하게 그러는 것을 보니까 나와는 비슷해도 지금 나의 과거와는 좀 달랐다.

그래서 내가 과거로 온 것은 아니라는 생각이 들었다. 또 다른 삶을 살고 있는 나? 그렇게 생각이 들었는데 다시 주위가 흐릿하게 흔들리더니 예전의 내가 살던 놀이터로 다시 돌아왔다. 꿈을 꾼 것 같지만 그 기억이 너무 생생해서 뭐 이런 일이 다 있나 하고 생각했다. 꿈이라고 치부해버리기엔 좀처럼 잊히지 않는 경험이었다.

'혹시 이게 메타유니버스? 다중우주라고 하는 건가?'

내가 살던 곳에서는 꽤 다중우주에 관한 연구가 깊어서 관련된 보고가 많이 알려져 있었다. 그래서 다음 날도 다시 그 놀이터 벤치로 가보았다. 잠시 후 아니나 다를까 다시 주위가 바뀌면서 또다시 그곳으로 가게 되었다. 정말 흥분되는 일이었다. 그래서 또다시 나를 관찰하다가 이번에는 직접 말을 걸어보기로 했다.

"무슨 고민을 그렇게 심각하게 하나?"
"아이고, 깜짝이야!"
"뭔가 죄를 많이 지었구만! 깜짝 놀라는 거 보니! 정신 차려! 이 젊은 놈아!"
"누… 누구세요?"
"안 그래도 바보 같은 놈이라고 생각했는데, 표정은 완전 더 바보 같네."
"뭐… 뭐라구요? 아니 이 노인네가 언제 봤다고?"

그렇게 젊은 시절의 나를 조우하게 되었다. 이 녀석이 고민하고 있던 관계에 대한 해답을 항상 내가 사람들에게 말하고 강연하던 것이라 이것 참 신기한 일이라고 생각했다.

문득 옥상에서 뛰어내렸던 대구 지역 대표의 조카가 떠올랐다. 그 조카와 이 녀석이 오버랩 되면서 왠지 다시 한 번 기회를 준다면 내가 어떻게 해볼 수 있을까 하는 생각이 들었다. 지금 일어나는 이 워프 현상이 지속적으로 된다면 이 녀석을 한번 제대로 알려주고 싶다는 생각에 관계술사라고 나를 소개했다.

"관계술사요??"

그 뒤로 나는 이 녀석을 가르치는 맛에 시간이 가는 줄도 모르고 거의 매일 놀이터에 갔던 것 같다. 그렇게 시간이 지나면서 변해가는 그 녀석을 보니 오히려 왠지 나의 본질을 찾아가는 기분이 들었다. 그 녀석은 어쩜 그리 속이 보이는지 매번 한숨이 나왔다.

나의 과거니까 당연한 건가? 그런 생각이 들 때 그 녀석이 나에게 젊어 보인다고 말했다. 처음에는 아부를 떨고 있다고 생각하고 대수롭지 않게 여기다가, 시간이 지날수록 그 녀석의 말처럼 과거로 넘어가면 그곳에서는 내가 점점 젊어지는 모습으로 바뀐다는 것을 알게 되었다. 우주를 넘나드는 것도 믿기 어려운데 내가 점점 젊어지는 것을 못 믿을 것도 없었다. 하지만 다시 현재 세계로 넘어오면 현실의 80대 할아버지가 되었다. 그래서 과거 우주로 넘어가는 일이 더욱 신났던 것 같다.

그렇게 그런 일이 반복되어가면서 한 가지 생각이 문득 떠올랐다.

'혹시 이게 나의 본질을 찾아가는 여행이라면? 그래서 내가 점점 과거 우주의 젊은 나와 같아지고 있는 거라면?'

과거 우주의 내가 자신의 본질을 점점 알아가고 찾아가면서 그 세계로 가는 나와 동기화되고 있다는 생각이 들었다. 확실히 내가 젊어지고 중년의 모습이 되었다. 머리도 까매지고 주름도 없어졌다. 신기한 일이었다. 그래서 '과거의 나와 같아지면 어떤 일이 생기게 되지?'라는 생각하게 되었다.

'아… 그거로구나… 거기까지구나….'

관계술사의 비밀을 다 알려준 다음, 내 비밀에 대해서 말해줘야겠다고 생각하게 되었다. 믿든 안 믿든 그건 중요하지 않았다. 그렇게 교육이 끝났을 때 나의 비밀이야기를 꺼냈다.

"그래서 이제 헤어져야 한다고 말씀하셨군요."

이렇게 이야기를 나누고 있는데 갑자기 확 주변이 바뀌었다. 다시 내가 살던 현재의 우주로 넘어온 것이다.

어쨌든 그 뒤로 몇 번을 놀이터에 가서 있어 봤지만, 다시 그 과거 우주로 갈 수는 없었다. 갑작스럽게 다른 우주로 가게 되었고 갑작스럽게 다시 못 가게도 되었지만 이런 일이 나에게 일어난 것에 대해서 깊이 고민하지 않기로 했다.

정말 꿈일 수도 있고 나의 환상일 수도 있지만 사실이든 아니든, 그저 그 자체만으로도 충분히 감사하고 즐거웠기 때문이다. 나의 과거로 돌아가 나를 바꿔 주고 싶은 나의 욕망이 풀어지는 것만 해도 나는 충분히 만족한다.

마치 여름날 잠깐 잔 낮잠처럼 느껴지는 그 경험이 그렇게 지루해하던 내 삶에 또 새로운 에너지를 일으켜주었다.

'그래! 아직 내가 할 일이 있다는 거지? 좋아! 다시 한번 도전해볼까? 새로운 유건우를 위하여!'

나의 첫 책을 아내에게 감사함으로 바치며

이 책은 혼자만의 힘으로 절대 나올 수 없었다. 책을 쓰는 사람은 나였지만 책을 쓰게끔 만들어주는 사람이 있기에 실제로 책이 나올 수 있었다. 특히 이번이 초행길인 나에게 가장 큰 도움이 되었다면, 바로 이 책을 출판해주신 미다스북스의 류종렬 대표님과 명상완 실장님, 이다경 편집장님, 임종익 본부장님, 박유진 편집자님 덕분이다.

책이 잘 나오도록 밤낮없이 발 빠른 피드백과 최선에 최선을 다해주시느라 단톡방이 실시간으로 쉬지 않고 울렸다. 모든 일이 마무리가 중요한데 최고의 퀄리티를 위해 마지막 순간까지 기운을 북돋아주시느라 애를 써주신 그 응원과 열정에 다시 한번 감사의 인사를 드린다.

출판사에서 마무리를 해주셨다면 『윈윈 WINWIN』이란 책이 나오는 것의 처음 불씨가 되어준 분은 이승열 작가님이다. 병원 마케팅과 컨설팅 관련 책을 벌써 세 권이나 집필하신 노하우를 얼리버드라는 인연으로 만난 우리에게 순순히 알려주신 제일 감사한 분이다. 평소에 '책을 낼 거야! 나도 저자가 되고 싶다.'라고 몇 년 동안 말로만 하고 있었는데, 이승열 작가의 호의에 무작정 '북메이킹클럽'을 만들었다. 처음 몇 명이 모여서 시작했는데 최종적으로 남은 사람은 총 네 명이었다. 마지막까지 선배 작가로서 함께 해준 김현상 작가님(이미 『당신의 간판은 돈을 벌어주고 있습니까?』로 베스트셀러에 진입)과 이한영, 윤재춘 예비 작가님에게도 감사를 드린다. 특히 김현상 작가님은 평소에도 부부 동반 골프를 칠 정도로 절친한 형님 동생 사이인데 북메이킹클럽에서 제일 먼저 책을 출간해 노하우를 생생하게 전달해주었고 미다스북스와의 다리 역할도 해주셨다. 우리나라 간판업의 대표로서도 맹활약 중인 김현상 작가님의 도움에 다시 한번 감사함을 표한다.

책을 쓰면서 가장 정신적으로 힘이 되어 준 사람은 역시 지금 나의 아내라고 할 수 있다. 누구 말이라면 귓등으로도 안 듣던 고집불통의 나를

42세의 나이에 늦깎이로 결혼하게 만들고, 살면서 가장 큰 변화를 이끌어준 귀인이다.

나의 첫 책 『윈윈 WINWIN』을 지금 나의 곁에서 든든하게 힘이 되어주는 아내에게 무한한 감사로 바친다. 아내는 내가 흐트러지거나 잘못 판단할 때마다 책 속의 유 팀장 와이프처럼 나를 이끌어준 나의 진정한 거울이다. 다시 한번 감사와 사랑의 마음을 보낸다. 그리고 나의 부모님과 장모님, 든든한 남동생 광선이와 여동생 다현이와 매제인 이용민, 두 조카 태현이와 채경이도 감사하다.

최근 1년 동안 가장 큰 의미를 찾으라고 하면 '얼리버드클럽'이라고 바로 말할 수 있다. 내 인생에 첫 팬덤처럼 사람들이 함께하는 베이스캠프를 매일 1년 이상 함께한다는 것은 경이로운 일이다. 시작은 나의 코칭 고객들과 함께 시작하게 되었는데 장현영, 이명재, 박상희, 오영희, 민예은, 백재승, 백종우, 김동은, 신현우, 궁프로, 박선주, 노희정, 한명자, 오혜영, 정수양, 정무늬, 안경재, 오은도, 오해진, 유서영, 이도경, 이영은, 이선화, 정대인, 정승원, 정시웅, 조봉근, 조영빈, 채진영, 최창기, 시몽, 한지영, 정시영, 박보영, 천진화, 이도경, 송영미, 노경하, 김성희, 서정민, 김주난 님과 그 외 매일 함께해주시는 얼리버드 여러분들에게 다시 한 번 감사의 말을 전한다.

그리고, 현재 나의 관계에 관한 실증 경험을 쌓아 나갈 수 있었던 세계적인 협업비즈니스 모임 BNI와 함께하는 멤버분들에게 감사를 드린다. BNI KOREA의 내셔널디렉터인 존 윤 대표님과 내셔널 오피스의 정은영 매니저, 변세윤 연구원, 윤석환 연구원, 권진희 대구ED, 이영진 영등포ED, 노미선 마포ED, 홍성교 서초ED, 오경섭AD, 공진욱AD, 임주리AD, 유내경NT, 이정화, 임병을, 안미현, 김영수, 김숙희, 김혜영, 강동훈, 임진영, 이지혜, 장남일, 이석현, 임효정, 한홍주, 최리, 양철민, 김장용, 배상곤, 김상수, 정은희, 김진궁, 윤치웅, 김영춘, 허강무, 허이선, 최유행, 권영만, 권오수, 문세훈, 최나래, 최윤영, 김정호 그 외 1,800여 명의 한국에서 활동하는 모든 BNI 멤버분이 나에게는 감사함 그 자체이다. 특히 나에게 코칭을 권해주시고 멋진 BNI 리더로서의 방향을 제시하며 기회를 주신 존 윤 대표님에게는 더 깊은 감사와 존경의 마음을 보낸다.

나에게 코칭과 리더십의 세계를 열어준 국민대 '리더십과 코칭 MBA'에도 깊은 감사를 전한다. 대한민국 코칭계의 대모 고현숙 교수님, 한국 리더십의 최고봉 백기복 교수님, 감수성 코칭의 대부 남관희 교수님, 김보영 주임 교수님, 김성준 교수님, 노재항 교수님, 강지연 교수님, 김종명 교수님, 김나정 교수님, 김상임 교수님, 이은아 교수님을 비롯해 우리 끈끈한 17기 동문들과 선후배 여러분들의 헌신적인 도움으로 코칭의 세계에 푹 빠질 수 있었다. 나의 인생 전환점에 큰 역할을 해주신 그들에게 참 감사하다.

끝으로 경신고등학교 동문 중에 나에게 선배란 무엇인지 제대로 알려주신 23기 신상헌 선배님에게 큰 감사의 인사를 전한다. 경록회와 재경 동문을 훌륭히 이끌면서 리더의 모습을 알려주신 멋진 선배님이다. 추천사를 써주신 ㈜리만코리아 회장 안중현, 전 대구지방경찰청과 부산지방경찰청장을 지내신 이상식, 남강욱, 김형민, 김경달, 진경록, 김정술, 윤택기, 김경달, 정대성, 서명원 선배님들과 동기인 김현동 변호사, 그리고 후배인 권기범, 송석용, 이태수, 김상록, 김민호, 김성수, 김정규 등 선후배 여러분들의 응원과 지지에도 더불어 감사의 인사를 드린다.

길지도 짧지도 않은 50년을 살면서 수많은 사람과 관계를 맺고 헤어졌다. 그 모든 한 분 한 분이 다 내게는 보물과 같은 소중한 인연이다. 지금 내가 이 자리에 지금 이 모습으로 있을 수 있는 것도 이런 귀한 인연들 덕분이다.

지금 이렇게 감사함 몇 글자를 적어보고자 살아온 인생을 뒤돌아보니 너무나 많은 감사한 분들이 있었다. 평소에 바쁘다는 핑계로 감사함을 놓치고 살았는데 이제야 참 은혜도 모르고 살았구나 싶다. 때가 되어야 살펴보면서 감사함을 느낄 게 아니라 이번 기회처럼 평소에도 꾸준히 감사하며 살아야겠다고 반성을 해본다.

'다시 한번 모두에게 진심으로 감사의 인사를 드립니다.'

2022년 겨울을 맞으며, 관계술사 유건우

얼리버드클럽 카카오 단톡방 : https://open.kakao.com/o/g2uGR6od

비번 : 1조벌기(를 영어로 치세요) 1whqjfrl

세상의 아침을 깨우는 리더들의 모임, 얼리버드클럽입니다.

얼리버드클럽은 세상을 앞서가는 트렌드와 방법에 관심 있으신 분들이 모여서 서로에게 힘이 되거나 함께 정보를 교환하고 같이 성과를 만들어 가는 리더들의 모임입니다.

얼리모닝을 통해 새벽기상의 습관을 들이고 얼리명상과 얼리러닝, 얼리스크린, 얼리북스 등 서로가 원하는 활동도 함께 하고 있습니다.

모든 리더가 한 걸음 앞서나가는 그날까지 얼리버드의 문화를 펼쳐 나가겠습니다.

오픈채팅방 활동

서로에게 도움이 되는 정보와 좋은 글을 공유합니다. 공공의 장소인 만큼 예절을 지키는 것이 중요합니다.

얼리모닝 타임 (슈퍼얼리버드 도전)

매일 아침 5시부터 6시까지 자신만의 1시간을 위해 10일을 단위로 한 기수씩 진행됩니다.
10일 미션을 모두 완료하신분은 슈퍼얼리버드가 됩니다. 슈얼도전 참가비는 성공하신분들과 함께 1/n !

각종 얼리동호회 활동

얼리러닝 - 아침 조깅을 사랑하는 러너들의 모임
얼리스크린 - 아침 스크린골퍼들의 모임
얼리북스 - 책을 사랑하는 리더들의 모임
얼리명상 - 얼리모닝타임전 매일 10분 명상

세상의 아침을 깨우는 리더들의 모임, 얼리버드클럽

슬기로운 얼리버드 생활 ___

얼리버드 타임은 자신만의 소중한 1시간과 만나는 시간입니다.
무엇에도 방해 받지 않고 자신을 위해서 사용하는 시간을 가져 봅시다.
핸드폰 유튜브 SNS 이메일에서 벗어나
자신에게 투자하고 돌아보는 시간을 가져 보세요.
책을 읽고 글을 쓰고 운동을 하시는 것을 추천드려봅니다.

얼리모닝타임안내

4시 45분 : 접속 후 인사나누기
4시 50분 : 10분 얼리명상 시작
5시~ 6시 : 얼리버드타임
6시 ~ : 얼리버드님들의 아침확언낭독

*얼리모닝타임에는 줌을 반드시 켜고 각자 하고 싶은 일을 하시면 됩니다
*슈퍼얼리버드참가비는 10일간 가장 미션을 잘 수행하신 분들과 1/n을 합니다
*미션 완료 기준은 5시~6시 까지 줌이 켜져 있어야 합니다. (캡쳐확인)
*5시에 시작할때 인사를 나누시는 예절을 추구합니다.
*매일 단톡방에 각자의 확언 및 오늘 할 목표를 올립니다.
*얼리명상은 필수 사항이 아니며 원하시는 분들만 참여하시면 됩니다.
*기수 신청을 하지 않으셔도 틈틈히 참여하시는데는 전혀 제약이 없습니다.
*종교와 정치에 관한 이야기는 개인적인 성향과 의견이기에 금지합니다.

혼자를 위한 시간이 필요해요.
고즈넉히 앉아 먼 발치를 바라보며
생각을 멈추는 시간...

세상의 아침을 깨우는 리더들의 모임, 얼리버드클럽

아직도 혼자
사업하십니까?

세계에서 가장 크고 성공적인 프로페셔널 협업 비즈니스 공동체인
BNI(Business Network International)로
함께 성장하는 비즈니스, 함께 성공하는 비즈니스를 만나십시요.

BNI는 전 세계 29만명이 활동하고 있으며 한국에서도 전국 12개 지역에서 1800여명의 멤버가
64개의 비즈니스 모임에서 활발히 활동중입니다.

강남지역	서초지역	영등포지역	마포지역	송파지역	센트럴지역	성남지역
15개	7개	6개	9개	2개	2개	1개

수원지역	대구지역	대전지역	부산지역	인천지역
2개	15개	3개	1개	1개

리퍼럴마케팅과 협업마케팅을 통해 함께 성공하는 비즈니스 기회를 얻고 싶으신
중소기업대표, 전문직 종사자, 영업대표, 오프로드샵 대표님들은 언제든지 연락 주시기 바랍니다.

유건우 디렉터 : 010-3125-7376, kunwoo@pluswing.kr

BNi